Birgit Golms

Marketing für Dolmetscher und Übersetzer

Wie Sie sich als Freiberufler optimal vermarkten und Kunden gewinnen

BDÜ Fachverlag

Birgit Golms

Marketing für Dolmetscher und Übersetzer

*Wie Sie sich als Freiberufler optimal
vermarkten und Kunden gewinnen*

Die Deutsche Bibliothek – CIP-Einheitsaufnahme

Birgit Golms: Marketing für Dolmetscher und Übersetzer
Wie Sie sich als Freiberufler optimal vermarkten und Kunden gewinnen

verlegt von der
BDÜ Weiterbildungs- und Fachverlagsgesellschaft mbH, Berlin,
einem Unternehmen des Bundesverbandes der
Dolmetscher und Übersetzer e.V. (BDÜ)

ISBN: 978-3-938430-34-7

© 2011 • BDÜ Weiterbildungs- und Fachverlagsgesellschaft mbH, Berlin
Satz: Thorsten Weddig, Essen
Druck: Schaltungsdienst Lange oHG, Berlin

Inhalt

Vorwort

Egal ob sie Existenzgründer oder erfahrener Freiberufler sind, selbstständige Dolmetscher und Übersetzer müssen selbst für eine gute Auftragslage sorgen. Viele sind in ihrem Beruf „top", aber wenn es um die Kundengewinnung geht, sind sie ratlos. Dabei ist es gar nicht so schwer, auch mit kleinem Budget auf seine Leistungen aufmerksam zu machen und auf diese Weise Kunden zu gewinnen. Zwei typische Stolpersteine im Marketing von Freiberuflern lassen sich schnell festmachen: Die einen denken, gute Leistung spricht sich von alleine herum und vertrauen ausschließlich auf die Mund-zu-Mund-Propaganda. Auch wenn sich Qualität wirklich herumspricht – es kann eine ganze Weile dauern. Was machen Sie, bis es so weit ist? Die anderen meinen, dass sie für Marketing kein Geld haben. Doch das ist ein großer Fehler. Ein bekannter Spruch lautet nicht ohne Grund: „Wer nicht wirbt, der stirbt."

Zu den Aufgaben von selbstständigen Dolmetschern und Übersetzern gehört es deshalb, regelmäßig die Werbetrommel für sich zu rühren. Dabei steht jeder Einzelne vor der Herausforderung, seine Leistungen ins rechte Licht zu rücken und durch ein geschicktes Marketing neue Kunden zu gewinnen. Es geht dabei keinesfalls darum, sich anzubiedern oder gar riesige Summen für Werbemaßnahmen auszugeben. Gerade für selbstständige Dolmetscher und Übersetzer kommt es vielmehr darauf an, potenzielle Kunden wissen zu lassen, dass es sie überhaupt gibt und was ihr Angebot ist. Dazu braucht es kein riesiges Budget, sondern das „Gewusst wie". Der vorliegende Ratgeber zeigt auf, wie Sie gekonnt auf sich und Ihre Leistungen aufmerksam machen. Sie erfahren, wo die Stolpersteine liegen und wie Sie Fehlinvestitionen vermeiden. Dabei ist es gleich, ob Sie ein eher introvertierter oder extrovertierter Mensch sind – für jeden gibt es Vorschläge, die sich mit einfachen Mitteln umsetzen lassen.

Der Ratgeber präsentiert in kompakter Form die wichtigsten Marketingmethoden für Freiberufler. Die Bandbreite der Themen reicht von der Positionierung über die Grundausstattung in Form von Visitenkarte und Website bis hin zur Kundengewinnung. Die Tipps und Vorschläge sind genau auf die Situation von selbstständigen Dolmetschern und Übersetzern zugeschnitten, die alleine arbeiten und weder über ein großes Budget noch übermäßig viel Zeit für die Eigenwerbung verfügen. Sie erfahren, worauf es im Marketing heutzutage ankommt und wie Sie mit geringem Aufwand viel erreichen. Dabei geht der Ratgeber auch auf die aktuellen Trends im Bereich Marketing ein, die sich insbesondere durch das Internet entwickelt haben, denn das Internet bietet neue und interessante Instrumente für die Kundengewinnung wie zum Beispiel den Newsletter, den Weblog oder auch Online-Netzwerke. Tipps, Übungen, Checklisten und Praxisbeispiele aus der Welt der Dolmetscher und Übersetzer helfen dabei, die Theorie in die Praxis umzusetzen.

In den Ratgeber fließen mein fachliches Know-how als PR-Beraterin von kleinen und mittleren Unternehmen sowie meine Erfahrung als Dozentin für Marketing und PR ein. Die meisten Praxisbeispiele im Buch stammen von Teilnehmern meiner Marketingseminare, die ich seit mehreren Jahren auch für den Bundesverband der Dolmetscher und Übersetzer e.V. (BDÜ) gebe. Die Fragen und Kommentare von Kursteilnehmern haben es mir ermöglicht, für diesen Ratgeber aus einem großen Fundus an typischen Problemstellungen von Dolmetschern und Übersetzern in ihrem Marketing zu schöpfen. Die Beispiele aus der Branche sind anonymisiert wiedergegeben und haben zweierlei Funktionen: Zum einen sollen sie die Theorie greifbar machen und den Weg in die Praxis aufzeigen. Zum anderen sollen die Beispiele motivieren, einfach loszulegen. Denn was ich in den Seminaren auch beobachten konnte, ist, dass die Fragen und Problemstellungen in all den Jahren sehr ähnlich sind. Sie, liebe Leserinnen und liebe Leser, werden sehen, dass Ihre Kollegen oft ähnliche Unsicherheiten haben und dass es für jeden einen passenden Marketingweg gibt.

Ich hoffe, dass Sie beim Lesen viele nützliche Anregungen erhalten, um selbstbewusst Marketing in eigener Sache zu machen. Dabei wünsche ich Ihnen viel Erfolg!

Birgit Golms

Einleitung: Was ist Marketing und was bringt es?

Das Leben als Freiberufler hält eine Menge Herausforderungen bereit. Dolmetscher und Übersetzer müssen nicht nur ihre eigentliche Arbeit im Griff haben, sondern sich auch um die Buchhaltung kümmern und regelmäßig Fortbildungen besuchen, um beruflich auf dem neuesten Stand zu sein. Viele lassen deshalb das Thema Marketing schleifen. Der Alltag hält sie so auf Trab, dass sie nicht dazu kommen, etwas für die Gewinnung neuer Kunden zu tun. Dafür sind sie zu beschäftigt. Bis möglicherweise die Aufträge von einem auf den anderen Tag ausbleiben. Ein anderes Szenario ist ebenso verbreitet und trifft insbesondere auf Existenzgründer zu: Viele sind für den Beruf bestens vorbereitet und möchten gerne arbeiten, aber das Telefon schweigt. Niemand ruft an, und auch per E-Mail kommen keine Aufträge herein. So manchen wird die Bedeutung der regelmäßigen Kundengewinnung erst dann schmerzlich bewusst, wenn die Aufträge ausbleiben. Dabei können Dolmetscher und Übersetzer selbst für eine gute Auftragslage sorgen – durch kontinuierliches Marketing.

Im Fachbegriff „Marketing" steckt das Wort „Markt", und tatsächlich geht es beim Marketing um die Ausrichtung eines Angebots am Markt und den Bedürfnissen der Kunden. Marketing wird fälschlicherweise oft mit Werbung gleichgesetzt, aber Werbung ist nur ein Teilbereich des Marketings. Das Spektrum des Marketings ist viel größer und umfasst alle Maßnahmen, die den Absatz fördern: Dazu zählt die Entwicklung des Corporate Designs ebenso wie die Werbung, Pressearbeit oder das Networking. Alle Marketingmaßnahmen haben das Ziel, ein Unternehmen bekannter zu machen und für ein gutes Image zu sorgen. Durch das kontinuierliche Marketing können sich Dolmetscher und Übersetzer einen Kundenstamm auf- und ausbauen. Letztlich geht es beim Marketing darum, Kunden und somit Aufträge zu gewinnen. Und der Effekt des Marketings geht über die bloße Kundengewinnung hinaus:

- Durch Marketing können Sie genau jene Kunden gewinnen, die optimal zu Ihnen und Ihrer Leistung passen. So finden Sie Ihre „Wunschkunden".

- Mit den richtigen Marketingmaßen können Sie Direktkunden gewinnen. So mancher Dolmetscher und Übersetzer steigert dadurch sein Honorar und somit seine Einnahmen.

- Langfristig können Sie durch Marketing mehr Zufriedenheit im Job erreichen, denn wenn die Auftragslage stimmt, können Sie sich die „Rosinen"
aus den Anfragen herauspicken. Sie müssen nicht mehr jeden Auftrag an-
nehmen, sondern wählen jene Aufgaben aus, die Sie besonders interessieren.

- Sie sorgen durch das regelmäßige Marketing für eine gute Auslastung und
vermeiden somit eine Berg- und Talfahrt hinsichtlich der Auftragslage und
der Einnahmen.

Ein gelungenes Marketing trägt außerdem dazu bei, dass Sie zufriedener im
Beruf sind. Wenn Sie zum Beispiel als Übersetzer zurzeit vor allen Dingen für
Agenturen tätig sind, so kann es zu einer anderen Qualität der Arbeit führen,
wenn Sie durch das Marketing auch Direktkunden gewinnen. Die Zusammenarbeit ist weniger anonym, denn Sie stehen in direktem Kontakt mit dem Kunden
und auch ein mögliches Lob für die Übersetzung landet direkt bei Ihnen. Und zu
guter Letzt: Mithilfe des Marketings können selbstständige Dolmetscher und
Übersetzer langfristig auch „wachsen", wenn sie es wollen. So mancher Freiberufler, der als Einzelkämpfer startet, gelangt mit dem richtigen Marketing früher
oder später an einen Punkt, an dem er mehr Aufträge hat, als er alleine bewältigen kann. Entweder er gibt dann seine Aufträge an Kollegen weiter oder er stellt
gar Mitarbeiter ein.

Die Marke „Ich"

Das Marketing eines Freiberuflers ist anders zu gestalten als das Marketing von
Gewerbetreibenden oder gar großen Firmen. Es gehört zum Wesen der freiberuflichen Tätigkeit, dass im Mittelpunkt der Dienstleister selbst und seine
berufliche Qualifikation steht. Genauso verhält es sich auch mit dem Marketing
von Freiberuflern: Es ist ganz auf die Marke „Ich" abzustimmen. Das Marketing
von Solo-Selbstständigen ist immer auch Selbstmarketing, denn Dolmetscher
und Übersetzer verkaufen keine Produkte, sondern eine Dienstleistung. Diese
Leistung ist individuell und unmittelbar mit der eigenen Person, der Qualifikation und der Persönlichkeit des Anbieters verbunden. Für viele Dolmetscher und
Übersetzer ist diese Vorstellung vielleicht ungewohnt. Doch wer sich dieser
Tatsache erst einmal bewusst ist, empfindet diese Erkenntnis möglicherweise
auch als befreiend. Zum Beispiel, wenn es darum geht den „USP" (Unique
Selling Proposition), also das Alleinstellungsmerkmal seines Unternehmens, zu
benennen. Diese Frage zählt zu den Standardfragen im Marketing und ist für

Freiberufler oft nur schwer zu beantworten. Gerade als Einzelkämpfer gibt es viele Mitbewerber mit einer ganz ähnlichen Leistung. Deshalb ist das Alleinstellungsmerkmal von Freiberuflern insbesondere in der eigenen Person begründet. Freiberufler sollten sich aus diesem Grund nicht länger hinter der Leistung verstecken oder denken, dass es viele andere mit der gleichen Qualifikation gibt. Das stimmt nur auf den ersten Blick. Mit seinem ganz individuellen beruflichen Werdegang und seinen Stärken ist jeder Dolmetscher und Übersetzer einzigartig. Genau das gilt es, für das Marketing herauszuarbeiten und im Marketingmaterial zu zeigen.

Viele Dolmetscher und Übersetzer denken beim Marketing nicht an die eigene Person als Alleinstellungsmerkmal, sondern an die Qualität der Leistung, mit der sie für ihr Angebot „werben" wollen. Dabei überschätzen sie die Bedeutung der Qualität der Leistung für die Kundengewinnung. Gerade Direktkunden können zum Beispiel die Qualität einer Übersetzung oder Verdolmetschung gar nicht wirklich einschätzen. Sie müssen aufgrund von anderen Kriterien davon überzeugt sein, dass die Leistung eine gute Qualität hat. Dazu zählen zum Beispiel ein guter Ruf, eine Empfehlung oder auch das insgesamt professionelle Auftreten eines Dienstleisters. Sei es, dass die Art der Kommunikation professionell und freundlich ist, dass die Auftragsabwicklung gut läuft, die Chemie stimmt oder dass man sich schlichtweg sympathisch ist. So banal das klingen mag: Am Ende machen Menschen miteinander Geschäfte, weil sie sich gegenseitig vertrauen und Sympathie füreinander empfinden. Natürlich muss auch die Qualität der Leistung stimmen. Doch wenn die Arbeit von Mitbewerbern qualitativ ebenso gut ist, macht am Ende die Kommunikation den Unterschied: die direkte Kommunikation mit Kunden und die Kommunikation über Sie, sei es im eigenen Marketingmaterial oder auch in Netzwerken. Die subjektive Qualität der Leistung findet gerade im Fall von Dolmetschern und Übersetzern letztlich im Kopf des Kunden statt.

Klappern gehört zum Geschäft

Ergebnisse aus der Erfolgsforschung unterstreichen die Bedeutung des Selbstmarketings für den beruflichen Erfolg. Die Forscher stellten fest, dass Fachwissen alleine nicht der Garant für Erfolg ist. Die Erfolgsformel lautet vielmehr „10 – 30 – 60" und steht für folgende Aspekte:

- 10 Prozent des beruflichen Erfolges stehen in Zusammenhang mit Fachwissen und der Qualität der Arbeit.
- 30 Prozent sind auf die gelungene Vermarktung und gute Kommunikation zurückzuführen.
- 60 Prozent des beruflichen Erfolges stehen in direktem Zusammenhang mit Kontakten und erfolgreichem Networking.

Auch wenn diese Prozentangaben von Fall zu Fall abweichen, so gehen die Werte wohl in die richtige Richtung. Jeder kennt vermutlich aus dem eigenen Erleben Menschen, die fachlich möglicherweise gar nicht so überragend sind, sich aber selbst gut zu „verkaufen" wissen und damit sehr erfolgreich sind. Was also macht Dolmetscher und Übersetzer erfolgreicher? Legt man die Ergebnisse der Erfolgsforschung zu Grunde, dann liegt der Schlüssel zum Erfolg in der Kommunikation und in den Kontakten. Genau darum geht es im Marketing.

Der Marketingweg

Mithilfe dieses Ratgebers können Sie Schritt für Schritt Ihre eigene Marketingstrategie entwickeln. Im Fokus dabei steht die Gewinnung von Direktkunden. Die wichtigen Meilensteine auf dem Weg zum erfolgreichen Marketing in eigener Sache sind:

1. Erkennen Sie Ihre individuellen Stärken und Fähigkeiten.
2. Kommunizieren Sie Ihre Stärken und Fähigkeiten schriftlich sowie mündlich.
3. Investieren Sie Zeit in die Akquise und gezieltes Networking – dem Auftragsturbo für Freiberufler schlechthin.

Die Kapitel dieses Ratgebers bauen aufeinander auf und orientieren sich inhaltlich an der Reihenfolge der Meilensteine auf dem Weg zum erfolgreichen
Marketing. Im ersten Teil geht es zunächst darum, die eigenen Stärken und
Fähigkeiten zu erkennen und sich optimal am Markt zu positionieren. Sie
erfahren, warum es sinnvoll ist, sich besonders als Einzelkämpfer zu spezialisieren.

Der zweite Teil widmet sich den Basisunterlagen für Ihr Marketing – der
sogenannten „Grundausstattung". Zu einer gelungenen Grundausstattung zählen
unter anderem die Visitenkarte, das Briefpapier und die Website. Sie erfahren,
wie Sie Ihre Grundausstattung von Grund auf planen und professionell umsetzen. Wer bereits Marketingunterlagen hat, kann seine Unterlagen anhand der
Informationen überprüfen und gegebenenfalls auf den neuesten Stand bringen.

Weil Kontakte und Networking zu den unschlagbaren Erfolgsfaktoren im
Bereich der Kundengewinnung zählen, dreht sich im dritten Teil des Buches
alles um die Akquise und die verschiedenen Möglichkeiten, Kontakte zu knüpfen und für mehr Bekanntheit zu sorgen. Sie lernen die erfolgreichsten Methoden der Akquise – der Kundengewinnung – für Freiberufler kennen.

Im letzten Teil dieses Ratgebers schließlich geht es um die Entwicklung der
eigenen Marketingstrategie. Anhand konkreter Übungen entwickeln Sie Schritt
für Schritt einen Marketingplan, der zu Ihnen und Ihrer Situation passt.

Erster Teil:
Am Anfang steht die Klarheit –
wie Sie sich optimal positionieren

Kein Unternehmen startet ohne Geschäftsidee. Das ist auch bei selbstständigen Dolmetschern und Übersetzern der Fall, selbst wenn die Tätigkeit durch das Berufsbild klar ist. Jeder muss für sich selbst überlegen, welche Leistungen er anbieten möchte und wer seine Kunden sind. Viele Dolmetscher und Übersetzer sind insbesondere zu Beginn der Selbstständigkeit noch nicht auf eine bestimmte Branche oder einen Schwerpunkt festgelegt. Doch wer langfristig „alles" macht und keine Schwerpunkte in seiner Tätigkeit setzt, kann sich über kurz oder lang am Markt nur schwer behaupten. Der Wettbewerb ist groß und jene Dienstleister, die mit dem berühmten „Bauchladen" arbeiten, haben schnell das Nachsehen. Übersetzer ohne Arbeitsschwerpunkt konkurrieren mit jenen Übersetzern, die auf den gefragten Arbeitsschwerpunkt spezialisiert sind und Referenzen in diesem Gebiet vorweisen können. Gelingt es dann, einen Auftrag zu erhalten, ist das Honorar oft nicht üppig. Der Grund: Sobald der Übersetzer für den Auftraggeber austauschbar ist, zählt vor allen Dingen ein niedriger Preis für die Leistung. Dagegen können Sie etwas tun: Zeigen Sie Profil. Setzen Sie auf Ihre Stärken und positionieren Sie sich als Experte.

Was ist Ihr Angebot?

Die Positionierung ist eine Marketingstrategie, die sich für jeden Freiberufler empfiehlt. Dabei geht es darum, das Besondere einer Leistung hervorzuheben. Dieses „Besondere", also die Stärken herauszuarbeiten und zu benennen, ist das Ziel der Positionierung. Dazu brauchen Sie zunächst Klarheit über Ihr Angebot: Welche Leistungen bieten Sie an? Wer sind Ihre Kunden? Was machen Sie besser als andere? Es ist essenziell für Selbstständige, genau zu wissen, was sie anbieten und wer die Zielgruppe für ihr Angebot ist. Diese Klarheit brauchen Sie in der direkten Kommunikation mit Kunden, beim „Netzwerken" sowie im gesamten Marketingmaterial. Der Ausgangspunkt für Ihr Marketing ist folglich die Definition des eigenen Angebots.

CHECKLISTE

Basis-Checkliste zur Bestandsaufnahme

Die Checkliste soll Ihnen die Bestandsaufnahme erleichtern. Verschaffen Sie sich Klarheit über Ihr Angebot und beantworten Sie die folgenden Fragen am besten schriftlich. Nehmen Sie sich für die Beantwortung der Fragen ausreichend Zeit.

1. Was bieten Sie an?
2. Was sind Ihre Arbeitsschwerpunkte?
3. Was sind Ihre Stärken?
4. Was macht Ihnen Spaß?
5. Was machen Sie besser als andere? Was macht Ihr Angebot einzigartig?
6. Welchen Nutzen können Sie Kunden bieten?
7. Wer sind Ihre Kunden? (Aktuelle Kunden und/oder Wunschkunden)

Denken Sie beim Beantworten der Fragen nicht nur an den „IST-Zustand", sondern auch an den „SOLL-Zustand", also daran, wo Sie möglicherweise hinwollen: Sie arbeiten vor allen Dingen für Agenturen und wollen gerne mehr für Direktkunden tätig sein? Wäre Ihr Angebot dann möglicherweise anders? Versehen Sie die Checkliste nebst Antworten mit dem aktuellen Datum und bewahren Sie sie gut auf.

Die Definition Ihres Angebots, Ihrer Arbeitsschwerpunkte und Ihrer Stärken werden Sie im Verlauf der Lektüre dieses Marketingratgebers möglicherweise immer wieder zur Hand nehmen. Vielleicht verändern oder konkretisieren sich die Antworten, je länger Sie sich damit beschäftigen. Betrachten Sie die Liste daher als „Arbeitspapier" oder „Living Document", das Ihnen dabei hilft, das eigene Angebot und die eigenen Stärken klar herauszuarbeiten.

Auf dem Weg zur Positionierung

Gerade Einzelkämpfer brauchen eine kluge Positionierung, um sich von Mitbewerbern am Markt abzuheben. Wer anbietet, was alle anderen auch anbieten, hat es schwerer. Und doch scheuen sich viele Freiberufler, Farbe zu bekennen und sich deutlich zu positionieren. Es gibt zwei typische Hindernisse im Zusammenhang mit der Positionierung, die im eigenen Denken begründet sind: Viele unterschätzen den Wert der eigenen Arbeit und denken, dass alle anderen die Leistung auf die gleiche Weise erbringen. Sie gehen davon aus, dass sie in Wahrheit gar nichts Besonderes anbieten, das für eine Positionierung geeignet sein könnte. Das ist ein Irrtum. Wenn sich Dolmetscher und Übersetzer einmal mit Kunden unterhalten, erfahren sie möglicherweise interessante Dinge. Übersetzer hören dann vielleicht, dass manche Mitbewerber Übersetzungen erstellen, die intern nachbearbeitet werden müssen. Oder dass so mancher vereinbarte Deadlines nicht einhält. Stellen Sie Ihr Licht also nicht unter den Scheffel, wenn es um Ihre Arbeit geht.

Ein weiteres Hindernis auf dem Weg zur Positionierung ist es zu glauben, dass man mit einem groß angelegten Angebot eher Aufträge bekommt. Manche benennen gleich zehn Schwerpunkte in der Hoffnung, dadurch möglichst viele potenzielle Anfragen zu erhalten. Sie scheuen sich davor, nur wenige Schwerpunkte anzugeben aus der Angst heraus, Kunden bereits im Vorfeld damit abzuschrecken. Das Gegenteil ist der Fall, denn der Wettbewerb ist zu groß: Wenn Sie durch zehn Schwerpunkte in der Konkurrenz mit Kollegen stehen, die auf den einen gefragten Schwerpunkt spezialisiert sind, dann haben Sie voraussichtlich das Nachsehen. Kunden suchen heutzutage mehr denn je Experten, denn die Auswahl an Dienstleistern ist riesig. Auch für Konferenzdolmetscher, bei denen eine Spezialisierung eher unüblich ist, ist es empfehlenswert, die eigenen Stärken zu erkennen und zu kommunizieren. Es geht auch für Konferenzdolmetscher darum, in der Kommunikation deutlich zu machen, was sie besonders gut können und was sie von Mitbewerbern in ihrer Branche unterscheidet. Hier ein Beispiel, um die Wirkung von Arbeitsschwerpunkten auf potenzielle Kunden zu verdeutlichen:

Versetzen Sie sich in einen Kunden, der einen Übersetzer für Englisch sucht und Anbieter im Internet miteinander vergleicht. Er findet drei Übersetzer: Übersetzer A. hat ein Jurastudium und übersetzt im Bereich Recht und Wirtschaft. Englischübersetzer B. ist zweisprachig aufgewachsen. Er übersetzt Literatur und Marketingtexte. Seine Spezialität ist es, Broschüren, Webseiten und Slogans in die andere Sprache und Kultur zu übertragen. Übersetzer C.

*schließlich übersetzt laut Website Technik, Wirtschaft, Recht, Marketing und
Medizin. Welchen Anbieter würden Sie an der Stelle eines Kunden kontaktieren? Hätten Sie einen juristischen Text, wer wäre dann Ihr bevorzugter Ansprechpartner? Wen würden Sie ansprechen für die Übersetzung von Broschüre und Website?*

Nehmen Sie bei der Entwicklung Ihres Angebots und Ihrer Positionierung
immer wieder die Kundenperspektive ein und betrachten Sie die Suche oder
auch die Wahl des geeigneten Dienstleisters aus seiner Sicht. Worauf würden
Sie achten? Was würde Ihre Entscheidung positiv beeinflussen?

Faktor Stärken

Es fällt den meisten aufgrund ihrer Ausbildung zum Dolmetscher und Übersetzer relativ leicht, die Frage nach dem Angebot zu beantworten. Wenn es um das
Erkennen der eigenen Stärken geht, dann sieht es schon anders aus. Für viele ist
es selbstverständlich, dass sie gut sind in dem, was sie anbieten. Es fällt ihnen
deshalb schwer, die eigenen Stärken zu erkennen. Berufserfahrung, Auslandserfahrung, besondere Sprachbegabung – das gehört doch zum Beruf und ist nicht
der Rede wert? Was für Außenstehende etwas Besonderes ist, kommt dem
Übersetzer oder Dolmetscher oft selbstverständlich vor. Die nachfolgenden
Ausführungen sollen helfen, den individuellen Stärken auf die Spur zu kommen.

Qualifikation und Berufserfahrung

Viele Dolmetscher und Übersetzer vergessen beim Marketing, auf ihre Qualifikation und ihre Berufserfahrung hinzuweisen. Das ist schade, denn diese Aspekte stellen den Grundstock für die eigene Arbeit dar. Da die Berufsbezeichnung
„Dolmetscher" und „Übersetzer" nicht geschützt ist, tut jeder gut daran, eine
Qualifikation in diesem Bereich als Pluspunkt zu betrachten und zu kommunizieren. Das Gleiche gilt für Berufserfahrung und gute Referenzen – beide
Aspekte sprechen für Sie und für eine Zusammenarbeit mit Ihnen. Dabei ist es
wichtig zu wissen, dass nicht nur die Berufserfahrung als selbstständiger Übersetzer oder Dolmetscher zählt. Wer vor der Selbstständigkeit in fester Anstel-
lung übersetzt oder gedolmetscht hat, sollte dies auf jeden Fall als Stärke
betrachten und kommunizieren. Für den Kunden zählt in erster Linie die Berufserfahrung und nicht, ob jemand diese Erfahrung als Selbstständiger oder Angestellter gesammelt hat.

Was bei vielen frischgebackenen Dolmetschern und Übersetzern den Blick auf die eigenen Stärken erschwert, ist die Tatsache, dass sie zuvor in einem anderen Beruf gearbeitet haben. Viele sind Quereinsteiger und haben einen Patchworklebenslauf. In Ihrem früheren Leben haben Sie vielleicht eine andere oder gar mehrere andere Tätigkeiten ausgeübt? Sie waren zuvor vielleicht Maschinenbauingenieur, Chemikerin oder medizinisch-technische Assistentin? Es wäre ein Fehler, diese individuelle Berufserfahrung oder gar die Berufsabschlüsse unter den Tisch zu kehren. Wer aus einem anderen Beruf kommt, hat keinen Grund, sich zu verstecken. Die Erfahrung in einem anderen Beruf kann sogar ein großer Vorteil sein. Der Vorteil für jene, die aus einem anderen Tätigkeit in den Übersetzer- oder Dolmetscherberuf wechseln: Eine frühere Berufstätigkeit zeigt ihnen den Weg hin zu einer möglichen Spezialisierung. Sie wissen, wie die Branche tickt und haben „Insiderwissen" gesammelt, das die Akquise leichter macht. Das gilt insbesondere auch für reifere Existenzgründer, die vielleicht noch nicht so viel Übersetzungserfahrung haben.

> **Praxisbeispiel**
> *Elisabeth ist 55 Jahre alt und Diplom-Chemikerin. Sie hat sich gerade selbstständig gemacht als Übersetzerin mit Schwerpunkt Chemie. Schon als Angestellte in einem Chemieunternehmen hat sie nicht nur die gesamte Fachliteratur auf Englisch gelesen, sondern auch alle Forschungsberichte auf Englisch erstellt. Zusätzlich hat sie für die Selbstständigkeit einen Abschluss zur staatlich anerkannten Übersetzerin für Englisch gemacht. Doch sie hat Schwierigkeiten, die vorangegangene Berufstätigkeit als Vorteil anzusehen. Am liebsten würde sie verschweigen, dass sie 15 Jahre lang als Chemikerin gearbeitet hat. Sie will sich doch als Fachübersetzerin positionieren. Ihre Angst: Der Kunde wird ihr vielleicht die Übersetzungskompetenz nicht abkaufen?*

Die inneren Barrieren im Kopf vieler Existenzgründer sind oft unbegründet. Gerade die Berufserfahrung, auch wenn sie aus einem anderen Bereich kommt, ist ein Pluspunkt und macht den Unterschied zum Profil der Mitbewerber aus. Die Berufserfahrung in der Vergangenheit kann zu einem Arbeitsschwerpunkt werden, denn dort gibt es einen Wissensvorsprung aus der Praxis. Vielleicht bestehen persönliche Kontakte in die Branche – auch das kann für die Akquise außerordentlich nützlich sein. Wer außerdem noch eine anerkannte Qualifizierung im Bereich des Übersetzens hat, braucht keine Angst zu haben, dass der Kunde die Übersetzungskompetenz anzweifelt.

Auch Berufseinsteiger können in der Regel etwas Praxiserfahrung vorweisen. Manch einer hat vielleicht ein Praktikum in einer Übersetzungsagentur gemacht oder im Rahmen des Studiums erste Übersetzungen angefertigt. Übersetzungen für Bekannte oder im Rahmen eines Ehrenamts können ebenfalls als Berufserfahrung zählen, wenn sie denn umfangreich waren oder schon über viele Jahre angefertigt werden. Eine Übersetzerin und Dolmetscherin, die seit Jahren ehrenamtlich für eine Adoptionsagentur mit Sitz in Kolumbien arbeitet, oder ein junger Übersetzer, der die Website seines Vereins im Bereich Umweltschutz übersetzt hat, sollte diese Berufserfahrung im Rahmen der Bestandsaufnahme in seiner Checkliste festhalten. Es kommt vielleicht noch nicht bei der Positionierung zum Tragen, weil die Erfahrung noch zu gering ist. Aber wenn es zum Beispiel um den Websitetext geht, können sie diese Erfahrungen als Referenzen nennen.

Fremdsprachenkenntnisse

Viele Dolmetscher und Übersetzer unterschätzen die Bedeutung des Themas „Fremdsprachenkenntnisse" für ihre Kunden – es erscheint ihnen einfach zu selbstverständlich. Weil viele Dolmetscher und Übersetzer auf diesen Aspekt in ihrer Kommunikation nicht näher eingehen, können andere damit punkten. Wenn Sie also einige Jahre im Ausland gelebt und dort die Schule oder Universität besucht haben, ist das durchaus ein Pluspunkt und spricht für Sie. Genauso verhält es sich mit all jenen Dolmetschern und Übersetzern, die zweisprachig aufgewachsen sind. Das spricht für Sie und unterscheidet Sie von manch anderem Anbieter. Unterschätzen sollte man auch nicht den „Muttersprachlereffekt": Wer in Deutschland lebt und arbeitet, aber zum Beispiel Engländer oder Franzose ist, hat gegenüber deutschen Kollegen einen klaren Vorteil, den er kommunizieren sollte. Auch wer viele Jahre im Ausland gearbeitet hat, sollte dies als eine Stärke betrachten, die später im Bereich der Kommunikation zum Tragen kommen kann.

Faktor Persönlichkeit

Es gibt Pluspunkte, die in der Persönlichkeit des Unternehmers liegen. Diese Fähigkeiten sind nicht in Zeugnissen oder Zertifikaten festgehalten, überzeugen aber im Kundenkontakt. Vielleicht ist genau das ein Feld, in dem Ihre Stärken liegen? Überlegen Sie für sich selbst: Welche positiven persönlichen Eigenschaften bringen Sie mit? Arbeiten Sie besonders schnell, akribisch, termintreu? Was schätzen Ihre Kollegen an Ihnen? Was loben Kunden? Sprechen Sie vielleicht mit einer Kollegin oder einem Kollegen Ihres Vertrauens und bitten Sie um ein ehrliches Feedback. Es kann sehr interessant sein zu erfahren, was andere an einem schätzen.

Faktor Kundennutzen

Beim Formulieren des Nutzens für den Kunden tun sich viele besonders schwer. Fragen Sie sich: Was hat der Kunde davon, dass er mit Ihnen zusammenarbeitet? Welchen Nutzen hat er? Gibt es gar einen Zusatznutzen, den Sie ihm bieten können? Hier einige Vorschläge, die Sie vielleicht auf die Spur zu Ihren eigenen Pluspunkten im Bereich des Kundennutzens führen:

- Bieten Sie Übersetzungen nach dem Vier-Augen-Prinzip?

- Arbeiten Sie mit Translation-Memory-Systemen und sichern so die Konsistenz auch umfangreicher Projekte?

- Übersetzen Sie Texte direkt im Layout und ersparen dem Kunden einen Arbeitsschritt?

- Sind Ihre übersetzten Texte bereits so feingeschliffen und lektoriert, dass eine Überarbeitung durch den Kunden entfällt?

- Können Sie durch die Zusammenarbeit mit Kollegen weitere Sprachen anbieten?

- Kümmern Sie sich auch um die Dolmetschtechnik oder organisieren ganze Dolmetschteams?

- Übernehmen Sie als Dolmetscher auch das Übersetzen der Tagungsunterlagen?

- Wohnen Sie in der Nähe einer Landesgrenze und können eventuell daraus resultierende Vorteile bieten?

So schärfen Sie Ihr Profil

Wenn Sie Klarheit über Ihr Angebot und Ihre Stärken haben, so ist schon viel gewonnen. Für die Positionierung ist es nun im nächsten Schritt wichtig, aus der Fülle der Stärken jene Aspekte auszuwählen, die am besten für Sie sprechen. In gängigen Marketingratgebern ist zu lesen, dass jedes Unternehmen ein Alleinstellungsmerkmal braucht. Etwas, das es einzigartig macht. Oft gibt es in diesem Zusammenhang den Rat, eine Nische zu besetzen. Das ist für typische Einzelkämpfer aber oft kaum möglich. Der Wirkungskreis und der Markt von Übersetzern und Dolmetschern ist relativ vorgezeichnet. Trotzdem hat jeder Dolmetscher und Übersetzer ein Alleinstellungsmerkmal beziehungsweise einen „USP": Der USP liegt im Unternehmer selbst. In seiner Persönlichkeit, in seiner einzigartigen Kombination aus Qualifikation, Stärken und individueller Berufserfahrung. Genau darum geht es bei der erfolgreichen Positionierung.

Weil jeder Freiberufler in der Regel eine Reihe von Stärken gesammelt hat, die für ihn sprechen, geht es bei der Auswahl der wirklich wichtigen Argumente auch um die Kundensicht. Dazu ist es nützlich, die Seiten zu wechseln und die Kundensicht einzunehmen. Man kann viel lernen, indem man andere Unternehmen beobachtet – auch aus einer anderen Branche. Solche, die einem gefallen, aber auch solche, die einen vielleicht nicht ansprechen. Beobachten Sie einmal sich selbst und Ihr Kaufverhalten: Wo kaufen Sie zum Beispiel die Jeans? In einem Fachgeschäft, beim Discounter oder online? Worauf legen Sie Wert, wenn Sie etwas kaufen? Auf die Qualität des Stoffes? Auf die Beratung und den guten Service? Auf die große Auswahl? Oder ein anderes Beispiel aus dem Bereich der Dienstleistungen: Vielleicht sind Sie auf der Suche nach einem Grafiker oder Programmierer für Ihre Marketingunterlagen. Worauf achten Sie bei der Wahl: Dass der Dienstleister in der Nähe wohnt? Dass er ansprechende Referenzen und Arbeitsproben vorweisen kann? Dass der Preis nicht zu teuer, aber vielleicht auch nicht „zu billig" ist? Genauso wie Sie beim Kauf vorgehen, tun es viele Kunden mit Ihnen und Ihrer Leistung. Berücksichtigen Sie deshalb die Kundensicht, wenn Sie daran gehen, Ihr persönliches Profil herauszuarbeiten.

Wie Sie Schwerpunkte setzen

Wenn Sie mit der Checkliste zur Bestandsaufnahme arbeiten, betrachten Sie jetzt noch einmal Ihre Antworten mit den Augen eines potenziellen Kunden. Was macht Ihre Leistung für ihn interessant? Welche Ihrer Stärken haben aus Kundensicht am meisten Gewicht? Was unterscheidet Sie von anderen Anbietern im Bereich Dolmetschen oder Übersetzen? Welche Aspekte sind stark genug, um Sie von Mitbewerbern positiv abzuheben? Vielleicht versehen Sie die einzelnen Argumente aus Ihrer Liste mit einem Symbol. Ein Stern steht für ein gutes Argument. Zwei Sterne für ein sehr gutes Argument. Drei Sterne für ein Top-Argument. Welche einzigartige Kombination aus Qualifikation, Stärken und Persönlichkeit lässt sich daraus ableiten?

> *Praxisbeispiel*
> *Tim ist Übersetzer für Englisch. In der Vorstellungsrunde eines Seminars erzählt er, dass er eigentlich alles übersetzt. Beim Nachfragen stellt sich heraus, dass es mehrheitlich Texte aus dem IT-Bereich sind. Die Aufträge bekommt er meist über Übersetzungsagenturen. Er berichtet, er hätte außerdem schon eine Reihe von Übersetzungen für Spiele im Auftrag eines Spieleherstellers angefertigt. Brettspiele vor allen Dingen. Er spielt vor allen Dingen. Er ist selber echter Spielefan und verbringe viel Zeit mit Computerspielen. Während er von den Spielen spricht, kommt plötzlich Leben in seine Sprache. Das Übersetzen im Spielebereich macht ihm besonders viel Freude, das ist deutlich zu spüren.*

Die Freude an einem Thema kann Ihnen den Weg zu einer gelungenen Positionierung weisen. Finden Sie am besten einen Arbeitsschwerpunkt, der Ihnen Spaß macht, dann sind Sie auch wirklich gut darin und absolut authentisch. Im Fall des Übersetzers Tim lässt sich der Schwerpunkt „Spiele" ohne Probleme mit dem zukunftsträchtigen Bereich „IT" verknüpfen. Die perfekte Positionierung für Tim ist folglich die eines Fachübersetzers für IT und Spiele – dazu zählen Computerspiele ebenso wie klassische Spiele. Natürlich sollte jeder bei der Positionierung auch den Markt im Blick haben. Da die Branche für Computerspiele ungebrochen boomt, bietet sich für Tim möglicherweise langfristig eine Spezialisierung in diesem Segment an.

Sinnvolle Kombinationen von Schwerpunkten

Für eine Positionierung als Übersetzer empfiehlt es sich, zwei bis maximal drei Schwerpunkte beziehungsweise Branchen auszuwählen. So ist man nicht völlig auf eine Branche fixiert, falls das Geschäft in einem Bereich konjunkturbedingt einmal nicht so gut laufen sollte. Bei der Auswahl der Schwerpunkte ist es einerseits sinnvoll danach zu schauen, welches Fachwissen vorhanden ist. Andererseits ist es wichtig, dass man auch den Markt im Blick hat: Ist der Markt groß genug? Gibt es in diesem Bereich schon viele Mitbewerber? Wie sind die Chancen, in diesem Bereich an Aufträge zu kommen? Ist die Branche im Aufwind und hat sie Zukunft? Bleiben Sie bei allen Überlegungen realistisch und nehmen Sie nur jene Schwerpunkte in die nähere Auswahl, die Sie aufgrund Ihrer Unternehmensgröße auch bedienen können. Haben Sie gleich mehrere Optionen und können sich nicht entscheiden, dann wählen Sie möglicherweise jene Branchen aus, „wo das Geld sitzt". Wenn Sie also zwischen Kultur und Medizin schwanken, dann ist der Verdienst beispielsweise im Bereich der Medizin höher.

Allerdings gibt es auch noch den Faktor Spaß. Die Freude an der Arbeit sollte nicht zu kurz kommen, wenn Sie langfristig motiviert und mit Herzblut selbstständig sein möchten. Meine Empfehlung lautet daher, sich auf ein bis zwei lukrative Branchen zu fokussieren, zum Beispiel die Branchen Wirtschaft und Recht. Und dazu noch ein weiteres Thema zu wählen, das Ihnen Freude macht. Das kann der Bereich Kultur sein oder das Übersetzen von Kinderbüchern. Vielleicht haben Sie auch ein Hobby, für das Ihr Herz schlägt? Vielleicht segeln Sie begeistert in Ihrer Freizeit und hätten große Lust, Fachzeitschriften in diesem Bereich übersetzen? Oftmals entstehen durch eher ungewöhnliche Kombinationen von Schwerpunkten interessante Positionierungen, die Sie von der Masse der Mitbewerber abheben und die sich Kunden gut merken können.

Denn auch die Kunden sind Menschen. Wenn Ihr direkter Kunden aus der Wirtschaft gerne segelt oder Kulturfan ist, können Sie auch mit diesem „Nebenschwerpunkt" bei ihm punkten.

Oftmals gibt es sehr gegensätzliche Schwerpunkte, die auf den ersten Blick als möglicherweise unpassend eingestuft werden. Aber das Gegenteil ist oft der Fall: Gegensätzliche Schwerpunkte können interessant machen und die Unternehmerpersönlichkeit zum Ausdruck bringen.

> **Praxisbeispiel**
> *Monika ist Juristin und Übersetzerin mit Schwerpunkt auf juristische Texte sowie Texte aus dem Bereich „Food". Das wirkt im ersten Moment ungewöhnlich, ist aber gleichzeitig auch der Grund dafür, dass man sich bei einem Kennenlernen ihren Namen und ihre Schwerpunkte gut merken kann. Sie erzählt in einer Vorstellungsrunde: „Ich liebe gutes Essen und bin begeisterte Köchin. Als Kontrast zum Übersetzen von Rechtstexten genieße ich es, auch einmal Webseiten oder Marketingmaterial im Bereich Food zu übersetzen." Ganz klar: Diese Positionierung ist einprägsam und Monika kommt damit sehr sympathisch rüber. Die Tatsache, dass sie Juristin ist, bleibt im Kopf.*

Die Positionierung von Monika ist auf den ersten Blick ungewöhnlich, aber sie funktioniert – auch gegenüber Kunden. Ohne es zu wollen, stellt sich jeder eine Person vor, zu der die beschriebenen Eigenschaften passen. Was diese Positionierung neben der fachlichen Qualifikation vermittelt, ist: Sympathie und einen Erinnerungswert. Diese beiden Faktoren sind für eine gelungene Positionierung nicht zu unterschätzen. Bei der Akquise gibt es sogar mögliche Querverbindungen von beiden Bereichen.

Zusätzliche Leistungen als Alleinstellungsmerkmal

Möglicherweise ist das Besondere an einem Angebot eine zusätzliche Leistung. Es gibt zum Beispiel Dolmetscher und Übersetzer, die auch interkulturelle Beratung anbieten. Das kann – je nach Zielgruppe – ein Alleinstellungsmerkmal gegenüber Kunden sein. Zum Beispiel für eine Übersetzerin und Dolmetscherin der chinesischen Sprache, die Kunden auch nach China begleitet oder im Vorfeld eines Geschäftsbesuches zu den kulturellen Unterschieden berät. In diesem Fall ist es empfehlenswert, beide Leistungen aktiv zu kommunizieren, weil die Kombination für den Kunden von Vorteil ist und darauf schließen lässt, dass es sich um eine echte China-Expertin handelt. Es gibt allerdings auch weitere Leistungen, die möglicherweise kontraproduktiv sind. Eine Kombination, die das Profil als Dolmetscher und Übersetzer eher verwässert, sind die zusätzlichen Leistungen „Sprachunterricht" oder „Stadtführungen" in einer

Fremdsprache. Deshalb ist in diesem Fall sorgfältig zu prüfen, „wo die Reise hingehen soll" und wie Sie sich positionieren wollen. Möchten Sie als Sprachlehrer gesehen werden, der auch übersetzt, oder als Übersetzer, der auch unterrichtet? Überlegen Sie, ob die andere Leistung den Übersetzer- oder Dolmetscherberuf aufwertet oder abwertet. Eine Rechtsanwältin oder Ärztin, die übersetzt, wird wahrscheinlich zunächst von sich sagen, dass sie Anwältin oder Ärztin ist und außerdem auch übersetzt.

Eine Dolmetscherin, die gelegentlich auch als Sprecherin arbeitet, kann diese beiden Faktoren hingegen gut miteinander verbinden. Es wertet sogar die Tätigkeit als Dolmetscherin auf, denn eine angenehme und ausgebildete Stimme ist in diesem Beruf ein Pluspunkt. Der Übersetzer, der auch als Texter und als Sprecher arbeitet, steht jedoch vor einem Problem: Welche der drei Tätigkeiten sollen die Kunden ihm abkaufen? Worin ist er wirklich gut? Kann er möglicherweise alles „nur redlich"? Wer zwei Seelen in sich trägt, könnte überlegen, sich vielleicht ein zweites Standbein zuzulegen, getrennt vom Übersetzer- oder Dolmetscherbereich. Dafür benötigt er dann zwei Visitenkarten und zwei Webseiten. Denn eins ist klar bei so verschiedenen Tätigkeiten: Die Leistung ist für völlig unterschiedliche Zielgruppen interessant, die im Marketing jeweils anders anzusprechen sind.

Ein Wort zum Thema Honorar

Auch die Festlegung des eigenen Honorars gehört zum Marketing. Fachleute sprechen in diesem Fall von der „Preispolitik", denn nicht nur die Leistung entscheidet über den Erfolg eines Produkts oder einer Dienstleistung, sondern auch der Preis spielt eine Rolle. Sie sollten sich im Zusammenhang mit der Positionierung deshalb auch Gedanken über das Honorar machen, das Sie für Ihre Arbeit verlangen. Es ist nicht ratsam, sich als billigster Anbieter zu positionieren. Insbesondere dann nicht, wenn Sie sich spezialisieren und Kunden Sie als Experte in Ihrem Fachgebiet wahrnehmen sollen. Hilfreich beim Finden des passenden Honorars für die eigene Leistung kann es sein, sich mit erfahrenen Kollegen auszutauschen, die in den gleichen Sprachen arbeiten. Eine weitere Hilfestellung kann außerdem der „Honorarspiegel für Übersetzungs- und Dolmetschleistungen" sein, den der Bundesverband der Dolmetscher und Übersetzer regelmäßig neu herausgibt. Der Honorarspiegel beruht auf den Ergebnissen einer Honorarumfrage, die der Verband durchführt. Auch betriebswirtschaftlich lässt sich ausrechnen, welche Einnahmen und somit welches Honorar Sie erzielen müssen. Das Ergebnis dieser Berechnung ist dann vor dem Hintergrund des Marktes zu betrachten und abzugleichen.

Praxisbeispiel
Sebastian ist technischer Übersetzer und gut im Geschäft. Vor dem Studium zum Übersetzer hat er vier Semester Maschinenbau studiert und nach der Uni zunächst zwei Jahre als angestellter Übersetzer im Bereich Maschinenbau gearbeitet. Seine Positionierung: technische Fachübersetzungen mit Schwerpunkt im Bereich Maschinenbau sowie – aus persönlicher Leidenschaft für den IT-Bereich – Softwarelokalisierung. Mittlerweile hat er einen großen Kundenstamm aus Agentur- und Direktkunden aufgebaut. Für manche Hersteller übersetzt er schon seit Jahren Kataloge und Bedienungsanleitungen beziehungsweise aktualisiert sie regelmäßig. Sein Honorar liegt im mittleren Bereich. Zu seinen Kunden zählen sogar Agenturen, die für Billigpreise bekannt sind. Weil er aber als Übersetzungsexperte für Maschinenbau bekannt ist, rufen auch diese Agenturen in Notfällen bei ihm an und er bekommt das geforderte Honorar für seine Arbeit.

Denken Sie auf keinen Fall, dass immer der billigste Anbieter den Job bekommt. Wenn ein Direktkunde mehrere Angebote einholt, wählt er oft ein Angebot in der Mitte aus, denn beim billigsten Angebot hat er Zweifel, ob die Qualität ausreicht. Viele Einzelkämpfer haben große Angst, dass sie mit ihrem Angebot zu hoch liegen könnten und der Auftrag nicht zustande kommt. Deshalb setzen sie das Honorar von vornherein niedrig an. Diese Strategie mag bei Existenzgründern akzeptabel und ein Weg sein, Berufserfahrungen und Referenzen zu sammeln. Langfristig schadet man sich damit jedoch selbst. Wer bei einem Kunden erst mal mit einem günstigen Preis im Boot ist, hat es schwer, den Preis zu erhöhen. Zu Niedrigpreisen zu arbeiten und am Ende des Monats nichts auf dem Konto zu haben, schlägt sich auch negativ auf die Motivation und Lebensfreude nieder. Suchen Sie sich deshalb lieber Vorbilder in Ihrem Beruf, die erfolgreich selbstständig arbeiten und schauen Sie sich von ihnen ab, wie sie es machen. Glauben Sie an sich selbst: Sie können höhere Honorare erzielen.

Langfristiges Ziel des Marketings von Dolmetschern und Übersetzern, vor allen Dingen als Übersetzer für gängige Sprachen, sollte es sein, sich zu spezialisieren und langfristig als „Experte" in einigen ausgewählten Bereichen zu profilieren. Auf diese Weise gelingt es Ihnen, sich positiv vom Wettbewerb abzuheben.

Pro und Contra: Expertentum versus Bauchladen

Bei Vorstellungsrunden in Seminaren oder bei Stammtischen gibt es immer auch Übersetzer, die sagen, sie haben keine Schwerpunkte und übersetzen „alles". Dahinter steckt auch die Angst, sonst nicht genügend Aufträge zu erhalten. Tatsache ist jedoch, dass nur wer sich spezialisiert, langfristig wettbewerbsfähig ist. Warum? Weil man im Rahmen einer Spezialisierung zum Experten wird und somit einen besonderen Nutzen für Auftraggeber hat. Ein Kunde geht davon aus, dass der Anbieter die Feinheiten und Unterschiede in seiner Branche kennt und beherrscht. Somit ist die Spezialisierung ein Anziehungspunkt für den Kunden. Die Spezialisierung hat außerdem viele Vorteile für die Arbeit selbst. Übersetzer mit einer Spezialisierung müssen sich nicht jedes Mal mühsam in ein Fachgebiet einarbeiten, wenn sie einen Text zum Übersetzen erhalten, sondern beherrschen die Materie mit jedem Text besser. Daraus resultiert, dass sie schneller werden bei der Übersetzung, denn sie müssen nicht so viele Begriffe recherchieren. Die Schnelligkeit ist für Übersetzer bares Geld. Wer sich spezialisiert, schlägt also zwei Fliegen mit einer Klappe: Zum einen ist er für Kunden interessanter und hebt sich positiv von Mitbewerbern ab, die „alles" übersetzen. Zum anderen ist er schneller und verdient somit mehr.

Für Existenzgründer, die kaum Berufserfahrung haben, ist eine Positionierung schwierig. Oft ist noch nicht klar, wo die Interessen und auch Stärken liegen. Sie nehmen deshalb einfach erst mal alle Aufträge an, die kommen, und akzeptieren, dass die Aufträge schlechter bezahlt sind. Es geht schließlich auch darum, erst mal reinzukommen in den Beruf. Das ist am Anfang in Ordnung. Doch nach einer Weile sollte sich dann das eine oder andere Thema herauskristallisieren, das zu einem Schwerpunkt ausgebaut werden kann. Mit den ersten Referenzen und der Berufserfahrung ausgestattet, lässt sich dann aus dem ehemaligen Bauchladen eine Positionierung entwickeln. Wenn Sie sich nun daran machen, Ihre Positionierung herauszuarbeiten, bedenken Sie, dass eine gelungene Positionierung nicht über Nacht entsteht. Die Entwicklung der eigenen Positionierung ist oft ein Prozess. Manchmal verschiebt sich eine Positionierung auch im Verlauf der Zeit. Es kann sein, dass – wer zunächst auf zwei oder drei Branchen spezialisiert ist – durch seine Aufträge schließlich eine deutliche Spezialisierung auf ein Fachgebiet innerhalb einer Branche hat. Dann ist die Positionierung entsprechend anzupassen. Aus diesem Grund ist es ratsam, die eigene Positionierung einmal im Jahr zu überprüfen.

Zweiter Teil:
Die Basis muss stimmen –
wie Sie Ihre Grundausstattung
professionell gestalten

Der erste Eindruck zählt. Das gilt auch für das Marketingmaterial. Um einen positiven ersten Eindruck zu hinterlassen, sollten alle Unterlagen über das Unternehmen klar in der Aussage und ansprechend hinsichtlich der Optik sein. Unterschätzen Sie zum Beispiel nicht die positive Wirkung einer gut gemachten Visitenkarte. Es ist nur ein kleines Stück Papier, hat aber eine Menge Aussagekraft. Wie ist sie farblich gestaltet? Wie fühlt sich das Papier an? Was steht darauf? Beobachten Sie sich einmal selbst, wenn Sie Visitenkarten von anderen Unternehmen unter die Lupe nehmen. Was alles assoziieren Sie mit diesem kleinen Stück Papier? Viele Freiberufler scheuen die Investition in professionelles Marketingmaterial und machen vieles selbst. Dabei halten sie sich nicht vor Augen, dass so mancher potenzielle Kunde von der Professionalität der Marketingunterlagen auf die Leistungen des Anbieters schließt. Wer langfristig im Beruf erfolgreich sein und Direktkunden gewinnen möchte, sollte deshalb in eine gut gemachte Grundausstattung vom Profi investieren. Sie bekommen heutzutage eine solche Grundausstattung, bestehend aus Visitenkarte, Briefpapier und Website schon für kleine Budgets, denn in diesem Bereich hat sich in den letzten Jahren viel getan hat – zum Vorteil für die Kunden. Freie Grafiker bieten für Existenzgründer oder kleine Unternehmen günstige Paketpreise für die Entwicklung eines Logos und die Gestaltung der „Basisunterlagen" an. Dank neuer Technologien müssen Sie heutzutage nicht mehr 1.000 Visitenkarten drucken lassen, sondern können mit 50 oder 200 Visitenkarten anfangen. Auch die Kosten für das Programmieren einer einfachen kleinen Website sind durchaus erschwinglich für kleine Unternehmen. Als Freiberufler ist lediglich darauf zu achten, dass das Marketingmaterial eher sachlich und informativ sein sollte. Die Angaben müssen – so verlangt es das Gesetz – der Wahrheit entsprechen.

Wichtige Weichenstellungen, bevor es losgeht

„Nomen est omen". Bevor Sie mit der Gestaltung des Marketingmaterials beginnen, brauchen Sie unter anderem Klarheit darüber, mit welchem Namen Sie auftreten. Wie wollen Sie das Unternehmen nennen? Benötigen Sie überhaupt einen Namen für Ihr Unternehmen? Die meisten Freiberufler arbeiten einfach unter ihrem bürgerlichen Namen. Auf dem Marketingmaterial steht dann oft der volle Name, ergänzt von der Berufsbezeichnung, zum Beispiel „Karin Musterfrau, Diplom-Übersetzerin" oder auch „Tom Mustermann, Diplom-Dolmetscher". Das ist völlig in Ordnung, denn in der Tat ist der Unternehmer selbst der Hauptgrund, warum ein Kunde mit ihm zusammenarbeitet. Oft ist es der Personenname, nach dem Kunden im Internet suchen.

Manch einer möchte jedoch nicht unter seinem Namen arbeiten. Dafür gibt es viele mögliche Gründe: Sei es, weil der eigene Name zu lang oder zu kompliziert ist. Oder es gibt viele Namensvettern und es droht somit Verwechslungsgefahr. Vielleicht ist aber auch der Domainname für die Website und die E-Mail-Adresse schon belegt. Dann ist es sinnvoll, über eine „Geschäftsbezeichnung" nachzudenken, also einen Namen, mit dem Sie am Markt auftreten.

Die „Geschäftsbezeichnung"

Da Freiberufler nicht zu den Gewerbetreibenden zählen und damit auch nicht im Handelsregister eingetragen sind, können sie keinen „Firmennamen" haben. Sie übernehmen alle Rechtsgeschäfte unter ihrem eigenen Namen, können sich jedoch eine Geschäftsbezeichnung zulegen. Auch wenn Fantasienamen möglich sind, sollte das Ziel klar sein: Der optimale Name muss leicht zu merken sein und mit dem Angebot in Verbindung gebracht werden können. Er sollte außerdem einfach auszusprechen und nicht zu lang sein. Hier einige Beispiele von Geschäftsbezeichnungen für die fiktive Sprachexpertin „Karin Musterfrau":

- musterfrau translations, Karin Musterfrau
- KM Translations, Karin Musterfrau
- Übersetzungsbüro Musterfrau, Karin Musterfrau
- Dolmetschservice Musterfrau, Karin Musterfrau
- Musterfrau Fachübersetzungen, Karin Musterfrau

Wer auf eine bestimmte Branche spezialisiert ist, kann durch die passende Geschäftsbezeichnung auch seine Spezialisierung mit transportieren. Wenn es zum Beispiel um Fachübersetzungen im Bereich der Medizin geht, so wäre eine sprachliche Kombination mit dem Wort „Medizin" denkbar. Ein fiktives Beispiel dafür wäre eine Wortkombinationen wie „Meditranslations". Das gleiche Prinzip gilt auch für andere Branchen wie IT, Wirtschaft oder Recht. Falls Ihnen eine eigene Geschäftsbezeichnung vorschwebt, überlegen Sie, ob sich für Ihren Bereich vielleicht ein individueller Name schöpfen lässt? Machen Sie ein Brainstorming mit sich selbst und überprüfen Sie durch eine Recherche im Internet, ob der angedachte Name zumindest im Netz noch frei ist. Besonders Gründliche kontrollieren parallel dazu im Internet unter www.denic.de, ob der entsprechende Domainname noch nicht registriert ist. Den Domainnamen brauchen Sie, wenn Sie eine firmeneigene E-Mail-Adresse und eine Website einrichten wollen. (Weitere Informationen zum Domainnamen erhalten Sie auf den Seiten 47-48 im Abschnitt über die E-Mail-Adresse.)

Im Zusammenhang mit der Geschäftsbezeichnung sind noch einige weitere Dinge zu beachten: Die Geschäftsbezeichnung sollte nicht bereits von einem anderen Unternehmen der gleichen Branche genutzt werden. Der Name sollte des Weiteren sowohl zur Branche als auch zur Größe des Unternehmens passen und darf als Geschäftsbezeichnung nicht irreführend sein. So ist zum Beispiel das Führen eines Ortsnamens im Firmennamen als irreführend einzustufen, denn es suggeriert, dass dieses Unternehmen das einzige am Ort ist mit diesem Angebot. Wenn Sie international arbeiten und Kunden im Ausland haben, so prüfen Sie außerdem, ob der angedachte Name auch für die internationale Zielgruppe geeignet ist.

Haben Sie sich für eine Geschäftsbezeichnung entschieden, müssen Sie im gesamten Geschäftsverkehr, also in Briefen, Angeboten und auf Rechnungen, zusätzlich zur Geschäftsbezeichnung stets Ihren bürgerlichen Vor- und Zunamen nennen. Arbeiten Sie mit Kollegen zusammen in Form einer GbR (Gesellschaft bürgerlichen Rechts) und führen eine Geschäftsbezeichnung, so muss auch die GbR im Geschäftsverkehr mit den bürgerlichen Vor- und Zunamen ihrer Gesellschafter auftreten. Wenn Sie den Unternehmensnamen schützen lassen wollen, können Sie den Namen beim Deutschen Patent- und Markenamt eintragen lassen. Eine solche Eintragung ist allerdings mit Kosten verbunden. Sie müssen die Eintragung außerdem regelmäßig erneuern.

Der Slogan

Neben dem Namen für Ihr Unternehmen kann auch ein Slogan für das eigene Marketing nützlich sein. Die wenigsten Dolmetscher oder Übersetzer haben einen Slogan, dabei ist ein Slogan eine gute Chance, um sich von Mitbewerbern abzuheben. Wir alle kennen die Slogans der großen Unternehmen. Zum Beispiel „Gute Preise – gute Besserung" (ratiopharm), „Leistung aus Leidenschaft" (Deutsche Bank) oder auch „Wohnst Du noch oder lebst Du schon?" (IKEA). Warum also nicht auch als Sprachexperte über einen Slogan nachdenken? Ein guter Slogan ist verständlich und einprägsam. Er sollte am besten ausdrücken, was Sie (besonders gut) machen oder welchen Nutzen der Kunde von Ihrer Arbeit hat. Haben Sie im Kapitel über das Thema „Positionierung" zum Beispiel herausgearbeitet, dass Sie sich ganz auf technische Übersetzungen spezialisieren wollen, dann könnte der Slogan dies zum Ausdruck bringen. Ein einfaches und pragmatisches Beispiel wäre: „Technische Fachübersetzungen" oder auch „Technische Fachübersetzungen vom Profi". Vielleicht möchten Sie aber auch das Thema Qualität in Ihren Slogan hineinbringen? Oder die Tatsache, dass Sie Muttersprachler sind? Lassen Sie sich einen Moment Zeit, einen selbst erdachten Slogan auf sich wirken zu lassen. Vielleicht holen Sie sich auch Feedback von Kollegen oder Freunden ein. Wenn Ihnen nichts einfällt oder Sie sich innerlich gegen einen Slogan sträuben, dann verzichten Sie lieber darauf. Ein Slogan ist kein Muss.

Das Corporate Design

Das Corporate Design, also das Erscheinungsbild des Unternehmens, gilt als Spiegel der Unternehmensseele. Es visualisiert die Unternehmensidentität. Die Hauptkomponenten des Corporate Designs sind Schriften, Farben und Formen (beziehungsweise Zeichen oder Bilder). Da die meisten Menschen „Augentiere" sind, ist es nicht unerheblich, für welches Erscheinungsbild Sie sich entscheiden. Zu den wichtigen Erkennungszeichen des Corporate Designs gehört das Logo: Es steht auf Visitenkarte, Briefpapier, Website, auf dem Firmenschild und vielleicht sogar auf dem Fahrzeug. Ein gutes Logo weckt Aufmerksamkeit, ist einfach, verständlich, zeitlos und informativ. Es gibt drei verschiedene Grundformen von Logos:

1. Wortmarke: Das Logo besteht aus dem Firmennamen in Form eines Schriftzugs. Ein Beispiel dafür wären die Logos der Unternehmen „Nivea" oder auch „Coca Cola". Für das Logo wurde eine bestimmte Schriftart und eine bestimmte Farbe ausgewählt.

2. Bildmarke: Das Logo besteht aus einem Bild in einer bestimmten Farbe. Ein Bildlogo funktioniert nur bei bekannten Unternehmen. Ein Beispiel dafür wäre das Logo in Form eines Apfels, wie ihn die Firma „Apple" führt. Der Apfel kommt ohne weitere Erklärung aus, denn es ist bekannt, dass es sich um das Logo von Apple handelt. Für das Logo wurde außerdem der Firmenname in Form eines Bildes umgesetzt – das ist geschickt gemacht.

3. Wort-Bild-Marke: Die Kombination aus Wort und Bild in einer bestimmten Farbe für das Logo ist am weitesten verbreitet. Ein Beispiel dafür ist das Logo von Mercedes-Benz, bestehend aus dem Bild eines Sterns in einem Kreis, kombiniert mit dem Schriftzug „Mercedes-Benz", also dem Unternehmensnamen.

Wenn Sie sich an die Gestaltung Ihrer Marketingunterlagen machen, beherzigen Sie den Grundsatz für ein gelungenes Corporate Design: „Die Form folgt der Funktion." Das Design hat in erster Linie einen Zweck zu erfüllen. Erst an zweiter Stelle kommt der Aspekt „Schönheit". Ein Beispiel: Möchten Sie auf den Unternehmensnamen aufmerksam machen, sollte der Schriftzug gut lesbar und groß genug geschrieben sein. Wenn aus diesem Grund das Logo kleiner sein muss, dann nehmen Sie das einfach in Kauf. Wenn Sie bei der Wahl der Unternehmensfarben unsicher sind, ob Ihre Lieblingsfarbe wirklich geeignet ist, entscheiden Sie sich auch aufgrund des Faktors „Lesbarkeit" für eine Farbe. Ist der Unternehmensname in der favorisierten Farbe gut zu erkennen? Ist der Kontrast groß genug? Wie wirkt der gestaltete Unternehmensname, wenn er in Schwarz-Weiß und nicht in Farbe gedruckt ist? Nicht umsonst raten Experten zum „Faxtest": Überprüfen Sie Ihr Corporate Design, indem Sie es zur Probe in Schwarz-Weiß ausdrucken und an sich selbst faxen.

Das Corporate Design bildet die Leitlinie für ein einheitliches Erscheinungsbild. Alle Unterlagen eines Unternehmens sollten im Corporate Design gestaltet sein – von der Visitenkarte über die Website bis hin zum Firmenschild. So ist nach außen hin sichtbar, dass es sich um ein und dasselbe Unternehmen handelt. Das stärkt den Wiedererkennungseffekt. In die gelungene Gestaltung des Corporate Designs fließen viele Elemente ein. Überlassen Sie die Gestaltung deshalb am besten einem ausgebildeten Grafiker.

Visitenkarten

Wenn Sie noch am Anfang der Selbstständigkeit stehen und bisher kein Corporate Design haben, hilft die folgende Übung, Ihren Vorstellungen zum eigenen Corporate Design auf die Spur zu kommen. Und so geht's: Sammeln Sie für eine Weile Visitenkarten von Unternehmen, egal aus welcher Branche. Die Auswahl sollte groß und reichhaltig sein. Wenn Sie ausreichend Visitenkarten gesammelt haben, breiten Sie die Karten auf einem großen Tisch vor sich aus. Lassen Sie die Farben, Formen, Schriften und auch das verwendete Papier einen Moment auf sich wirken. Welche Unterlagen sprechen Sie an – und welche nicht?

1. Suchen Sie im ersten Schritt jene Visitenkarten heraus, die Ihnen gut gefallen und analysieren Sie: Warum gefallen Ihnen ausgerechnet diese Visitenkarten? Welche Farben sprechen Sie besonders an? Gibt es eine bestimmte Schriftart, die Ihnen gut gefällt? Wie sieht es mit der Schriftgröße aus? Wurde mit einem Logo gearbeitet?

2. Blicken Sie im zweiten Schritt noch einmal auf alle Visitenkarten und analysieren Sie jetzt nur die Karten aus der eigenen Branche: Was gefällt Ihnen hier besonders gut und was nicht? Was heißt das für Ihr eigenes Material? Wie können Sie eine Visitenkarte gestalten, die sich von den Visitenkarten der Mitbewerber positiv abhebt?

Notieren Sie die Ergebnisse Ihrer Analyse am besten in Stichworten schriftlich. Es sind nützliche Hinweise, wenn Sie einen Grafiker mit der Gestaltung der Geschäftsausstattung beauftragen. Bringen Sie zum Beispiel zum Gespräch mit dem Grafiker jene Visitenkarten mit, die Ihnen am besten gefallen. Es hilft dabei, die eigenen Vorstellungen zu illustrieren.

Die Grundausstattung

Zur Grundausstattung für Dolmetscher und Übersetzer zählen unter anderem eine Visitenkarte und das Briefpapier. Es ist wichtig, dass diese Basismaterialien gut aussehen und professionell gemacht sind. Insbesondere eine gelungene Visitenkarte kann ein Türöffner sein: Beim Networking, aber auch beim geschäftlichen Termin ist es immer wieder beeindruckend zu sehen, dass man über die Visitenkarte sehr gut ins Gespräch kommen kann. Sei es durch die schöne Gestaltung oder sei es über eine Information, die darauf steht. Nutzen Sie diese Chance, einen positiven ersten Eindruck zu hinterlassen.

Visitenkarte

Für die Visitenkarte empfiehlt es sich, eine einseitig bedruckte Visitenkarte im Querformat in der Standardgröße zu wählen. Auch wenn der Standard langweilig erscheinen mag – wer durch außergewöhnliches Design oder ein spezielles Format auffallen möchte, macht es dem Empfänger der Visitenkarte möglicherweise schwer.

- Visitenkarten im Hochformat müssen eventuell aus der Aufbewahrung entnommen werden, um die Angaben lesen zu können.
- Visitenkarten zum Aufklappen sind meist dick und sperrig.
- Zweiseitig bedruckte Karten tragen oft den Firmennamen auf der einen Seite und die Kontaktdaten auf der anderen Seite. Davon ist abzuraten, weil der Leser die Karte umdrehen muss, um zum Beispiel die Telefonnummer zu sehen.

Aus diesen Gründen ist eine Visitenkarte im Standardformat eine gute Wahl: Der Empfänger kann die Angaben auf einen Blick lesen und die Karte einfach aufbewahren.

Gestaltung

Die Visitenkarte ist im Corporate Design zu gestalten. Zu den typischen Angaben auf der Visitenkarte von Dolmetschern und Übersetzern zählen: die Geschäftsbezeichnung, der Personenname, die Berufsbezeichnung (inklusive eventuell vorhandener Titel, Ermächtigungen, Zertifizierungen) und natürlich die Arbeitssprachen. Auch zu den Leistungen könnte ein Stichwort auf der Visitenkarte stehen, wenn dafür Platz vorhanden ist. Das ist insbesondere sinnvoll, falls aus der Berufsbezeichnung und dem Titel nicht klar hervorgeht, was jemand macht. Dies kann beispielsweise bei Übersetzern der Fall sein, deren offizieller beruflicher Abschluss „Diplom-Translator" ist. In diesem Fall ist es sinnvoll, zusätzlich das Stichwort „Fachübersetzungen" oder „Übersetzungen und Lektorat" auf die Visitenkarte zu schreiben. Apropos Berufsbezeichnung und Titel: Bisweilen vergessen ausgebildete Übersetzer mit einem Abschluss in diesem Bereich, diesen auf der Visitenkarte anzugeben. Es ist eine verpasste Chance, nicht darzulegen, dass man eine Ausbildung für den Beruf hat.

Wenn Sie über weitere Berufsabschlüsse verfügen, dann entscheiden Sie am besten vor dem Hintergrund der Relevanz für die ausgeübte Tätigkeit, ob dieser Abschluss ebenfalls auf die Visitenkarte kommt: Haben Sie zum Beispiel einen Doktortitel oder einen anderen Universitätsabschluss, so sollten Sie dies auf jeden Fall auf der Visitenkarte nennen. Bieten Sie medizinische Fachübersetzungen, weil Sie eine Berufsausbildung in diesem Bereich haben, geben Sie diese auch mit an. Für Quereinsteiger, die aus einem anderen Beruf kommen und nun als Übersetzer arbeiten, ist es von Vorteil, dass die Berufsbezeichnungen „Dolmetscher" und „Übersetzer" nicht geschützt sind. Sie dürfen auf die Visitenkarte „Dolmetscher", „Übersetzer" oder auch „Fachübersetzer" schreiben, wenn dies der Wahrheit entspricht und Sie in diesem Beruf arbeiten.

Des Weiteren gehören auf die Visitenkarte natürlich alle Angaben, die nötig sind, um Sie zu kontaktieren: Dazu zählen die vollständige Adresse, die Telefonnummer, die Faxnummer, die E-Mail-Adresse sowie die Webadresse. Wenn Sie sich für einen Slogan entschieden haben, dann könnte er auf der Visitenkarte stehen. Ebenso verhält es sich mit der Zugehörigkeit zu Verbänden, die strenge Aufnahmekriterien haben, sodass eine Mitgliedschaft ein Gütesiegel ist. Wenn Sie zum Beispiel Mitglied im Bundesverband der Dolmetscher und Übersetzer e.V. (BDÜ) sind, so sollten Sie dies auf Ihrer Visitenkarte sagen. Entweder Sie schreiben „Mitglied im Bundesverband der Dolmetscher und Übersetzer e.V. " oder Sie setzen die drei Buchstaben „BDÜ" in Klammern hinter die Berufsbezeichnung. So könnte es dann aussehen: „Karin Musterfrau, Diplom-Übersetzerin (BDÜ)". Wichtig ist in diesem Zusammenhang, dass das Kürzel „BDÜ" eindeutig dem Personennamen zugeordnet sein muss. Es darf nicht hinter dem Unternehmensnamen stehen. Wer in einem anderen oder weiteren Verband Mitglied ist, der kann dies der Visitenkarte hinzufügen. Hier zwei Beispiele: „Karin Musterfrau, Diplom-Übersetzerin (BDÜ/tekom)" oder „Tom Mustermann, Diplom-Dolmetscher (VKD)".

Zweisprachige Visitenkarte?

Viele Dolmetscher und Übersetzer haben Kunden im Ausland und fragen sich, ob sie eine anderssprachige Visitenkarte brauchen. Diese Frage lässt sich nicht pauschal beantworten. Es kommt darauf an, wer Ihre Auftraggeber sind: Wo begegnen Sie Ihren ausländischen Kunden und überreichen eine Visitenkarte? Wenn die ausländischen Kunden vor allen Dingen übers Internet kommen und Sie die Visitenkarten nur in Deutschland verteilen, brauchen Sie möglicherweise keine anderssprachige Visitenkarte. Es reicht dann womöglich, die internationale telefonische Vorwahl für Deutschland und das Länderkürzel in die Adresse zu integrieren. Wenn Sie jedoch häufiger eine anderssprachige Visitenkarte brauchen, könnten Sie entweder in einer kleinen Auflage eine anderssprachige Visitenkarte drucken lassen oder – alternativ – an eine zweiseitige Visitenkarte denken: Auf der einen Seite stehen dann die Angaben für deutschsprachige Interessenten. Auf der anderen Seite stehen alle Angaben für einen anderssprachigen Kunden aus dem Ausland, zum Beispiel in englischer Sprache.

Manche experimentieren auch mit einer zweisprachigen Visitenkarte, bei der alle Angaben auf einer Seite stehen: Die Übersetzung befindet sich dann klein gedruckt in der Nähe des deutschen Textes. Der Nachteil dieser Variante: Die Karte wirkt schnell zu voll. Wenn Sie sich für eine zweisprachige Karte entscheiden, dann ist es wichtig, dass alles gut lesbar ist. Die Schrift sollte nicht zu klein sein.

Sprachenangaben einfach gestalten

Die Angaben der Sprachen, in denen Sie arbeiten, sind für die Visitenkarte essenziell. Gerade in diesem Bereich liegen eine Menge Stolperfallen für Dolmetscher und Übersetzer: Relativ weit verbreitet sind zum Beispiel Visitenkarten von Dolmetschern und Übersetzern, auf denen nicht steht, in welchen Sprachen sie arbeiten. Das ist schade, denn damit verpassen sie eine Chance, ins Gespräch zu kommen, wenn sie die Visitenkarte überreichen. Der Empfänger einer solchen Visitenkarte hat möglicherweise später das Problem sich zu erinnern, in welchen Sprachen die betreffende Person arbeitet. Das kann insbesondere dann ein Nachteil sein, wenn der Empfänger ein potenzieller Auftraggeber ist und zahlreiche Visitenkarten von Dolmetschern und Übersetzern vor sich liegen hat. Die Sprachangaben sollten also auf keiner Visitenkarten fehlen. Und es gibt weitere Stolperfallen bei den Sprachangaben:

- Wenn Sie die Muttersprache Deutsch haben, sollten Sie nicht vergessen, die Sprache Deutsch auf der Visitenkarte mit anzugeben. Dass Sie in der deutschen Sprache arbeiten, ist keinesfalls selbstverständlich, auch wenn Sie einen typisch deutschen Namen tragen.

- Wichtig ist außerdem, dass die gemachten Angaben zu den Sprachen verständlich sind. Häufig operieren Dolmetscher und Übersetzer mit winzigen Pfeilen auf der Visitenkarte, um deutlich zu machen, in welche Sprachen oder aus welcher Sprache heraus sie arbeiten. Das ist nicht nötig. Kunden gehen tendenziell davon aus, dass Sie in beide Richtungen arbeiten. Bevor die Visitenkarte zu voll aussieht, empfiehlt sich eine schlichte Lösung hinsichtlich der Sprachen. Also zum Beispiel der Hinweis zur Sprache in einer Zeile: „Deutsch-Englisch-Französisch". Gestalten Sie die Karte lieber einfach und kalkulieren ein, dass Sie möglicherweise einmal eine Anfrage bekommen, die Sie nicht selbst erledigen können. Von Vorteil ist es in diesem Fall, wenn Sie Kollegen empfehlen, die die Aufgabe übernehmen. Ein erster netter Kontakt mit einem Interessenten kann früher oder später auch zu einem Auftrag für Sie selbst führen.

- Falls Sie zu den Dolmetschern und Übersetzern zählen, die ausschließlich in eine Richtung übersetzen, dann schreiben Sie auf der Visitenkarte beispielsweise: „Englisch-Deutsch". Übersetzen Sie in beide Richtungen, könnten Sie „Deutsch-Englisch-Deutsch" schreiben. Die kürzere Variante reicht aber auch aus, denn die meisten Kunden gehen – wie bereits zuvor beschrieben – davon aus, dass Sie in beide Richtungen arbeiten.

- Abkürzungen für die Sprachen sollten Sie auf der Visitenkarte meiden. Viele greifen zu diesem Trick, weil sie möglichst viele Informationen auf kleinem Raum unterbringen wollen. Doch hier besteht die Gefahr, dass es gar nicht oder falsch verstanden wird. Insbesondere bei den Sprachen, dem „Hauptprodukt" der Dolmetscher und Übersetzer, ist es sinnvoll, alle Arbeitssprachen ausschreiben.

Abkürzungen vermeiden

Abkürzungen sind auf der Visitenkarte prinzipiell zu vermeiden, denn meist leidet darunter die Verständlichkeit und es liest sich nicht gut. Schreiben Sie beispielsweise lieber „Diplom-Dolmetscherin" anstatt „Dipl.-Dolmetscherin". Auch bei der Angabe der vollen beruflichen Titel, wie viele Dolmetscher und Übersetzer sie führen, wird es schnell eng auf der Visitenkarte. Vermeiden Sie trotzdem Abkürzungen, wenn es möglich ist. Eine Visitenkarte mit dem Aufdruck: „Staatl. gepr. öffentl. best. u. allg. beeid. Übersetzerin" ist zum Beispiel nur etwas für Eingeweihte. Es ist besser, diese Informationen auszuführen, damit der Kunde sie auch verstehen kann, zum Beispiel so: „Staatlich geprüfte Übersetzerin, öffentlich bestellt und allgemein beeidigt". Ausnahmen von der Regel sind nur gelegentlich „erlaubt", zum Beispiel bei der Verwendung von Kürzeln von Verbänden.

Wie Sie den Text für Ihre Visitenkarten gestalten können

Wenn Sie aktuell Ihre Visitenkarte neu entwickeln oder überarbeiten, ist die folgende Übung nützlich: Überlegen Sie zunächst, welche Angaben Sie auf Ihre Visitenkarte schreiben wollen. Wie wollen Sie den Platz aufteilen? Entwerfen Sie dann mögliche Textvarianten am PC. So können Sie vergleichen, welche Variante besser wirkt und sich gut liest.

Zur Illustration finden Sie auf der rechten Seite einige fiktive Textbeispiele, wie sich die Angaben zur Leistung und zur Qualifikation auf der Visitenkarte textlich gestalten lassen. Wichtig: Die Beispiele sind kein Vorschlag für die optische Gestaltung der Visitenkarte! Es geht zunächst nur um die Entscheidung, welche Informationen auf der Visitenkarte stehen sollen und wie Sie die Information mit einfachen Worten abbilden können. Wenn Sie mit einem Grafiker zusammenarbeiten, können Ihre Entwürfe später als Vorlage für den Grafiker dienen.

Karin Musterfrau
Übersetzungen und Lektorat
Englisch-Deutsch

Adresse

Karin Musterfrau
Staatlich geprüfte Übersetzerin
Englisch-Deutsch

Adresse

Musterfrau Translations
Karin Musterfrau
Diplom-Übersetzerin (BDÜ)
Technische Fachübersetzungen
Englisch-Deutsch

Adresse

Karin Musterfrau
Diplom-Übersetzerin (BDÜ)
öffentlich bestellt und
beeidigt für die englische Sprache
Englisch-Deutsch

Adresse

Tom Mustermann
Diplom-Dolmetscher
Deutsch-Englisch-Spanisch
Fachgebiete: Wirtschaft und Recht

Adresse

Dolmetschservice Mustermann
Tom Mustermann
Diplom-Dolmetscher und
staatlich geprüfter Übersetzer
Deutsch-Englisch-Spanisch

Adresse

Tom Mustermann
Staatlich geprüfter Übersetzer
Deutsch-Spanisch-Deutsch
Schwerpunkte: Medizin und Technik

Adresse

Profitranslations
Fachübersetzungen für romanische Sprachen
Tom Mustermann
Diplom-Translator
Deutsch-Spanisch-Italienisch-Französisch

Adresse

Abb.: Beispiele für die Gestaltung des Textes auf der Visitenkarte

Tipp

Aufgrund der wichtigen Angaben zur beruflichen Qualifikation und der Leistung wird es schnell sehr voll auf der Visitenkarte von Dolmetschern und Übersetzern. Je mehr Informationen Sie auf der Visitenkarte unterbringen wollen, desto sinnvoller ist es, einen Grafiker zu engagieren. Durch eine geschickte Platzaufteilung und passende Schriftarten sowie -größen kann ein Profi eine Menge aus der Visitenkarte herausholen.

Briefpapier

Das Briefpapier sollte im Corporate Design gestaltet sein. Für das Papier selbst ist die Auswahl groß – es gibt Papiere in den unterschiedlichsten Farben, Tönungen und „Gewichtsklassen". Für die geschäftliche Korrespondenz empfiehlt sich ein klassischer weißer Farbton. Es gibt unzählige Weißtöne. Lassen Sie sich deshalb am besten verschiedene Briefbögen zeigen. Wenn Sie bereits eine Visitenkarte haben, dann nutzen Sie für Ihr Briefpapier das gleiche Papier hinsichtlich Farbe und Tönung wie für die Visitenkarten. Was das Gewicht des Briefpapiers angeht, so wird hier in der Fachsprache von Grammatur gesprochen. Sie bemisst sich in Gramm pro Quadratmeter (g/m²). Für Ihr Briefpapier sollte die Grammatur bei mindestens 90 g/m² liegen. Dünneres Papier wie zum Beispiel Kopierpapier liegt bei 80 g/m². Das ist eindeutig zu leicht für ein Briefpapier und wirkt „billig".

Gestalten Sie den Briefkopf mit der gleichen Sorgfalt wie die Visitenkarte. Auch wenn theoretisch der Name und die Kontaktdaten ausreichen – nennen Sie ruhig auch auf dem Briefpapier Ihre Qualifikation und Ihre Leistungen. Die Mitgliedschaft in einem Berufsverband macht sich ebenfalls gut auf dem Briefpapier. Am besten Sie übernehmen einfach alle Angaben, wie sie auf Ihrer Visitenkarte stehen. Auf diese Weise wirbt jeder Brief automatisch für Sie und zeigt, dass Sie ein Profi sind. Für Freiberufler gibt es im Übrigen keinerlei Verpflichtung, die Bankdaten oder die Steuernummer beziehungsweise die Steueridentifikationsnummer auf den Briefbogen aufdrucken zu lassen. Freiberufler können Angaben wie die Steuernummer und die Bankdaten einfach in den Brieftext integrieren, wenn sie diese Angaben benötigen. Zum Beispiel, wenn sie eine Rechnung schreiben.

Klassischerweise steht der Briefkopf ganz oben in der Mitte oder rechts außen auf dem Briefbogen. Was sich auf dem Erstbogen des Briefpapiers zudem gut macht, ist eine Fensterzeile mit Ihren postalischen Daten über dem Adressfeld. Die Fensterzeile mit den Absenderdaten ist nützlich, wenn Sie einen Fensterumschlag nutzen. Für den zweiten Briefbogen beziehungsweise die zweite Seite eines Briefes nutzen viele Unternehmen dann einen Briefbogen, auf dem nur das Logo steht. Diese Lösung ist der Klassiker. Bei kleinem Budget könnten Sie überlegen, ob der Druck von zweierlei Briefbögen nötig ist und wie oft Sie eine Seite 2 überhaupt brauchen. Ist es eher selten der Fall, dann lässt sich der Briefbogen so gestalten, dass er als erste und zweite Seite gleichermaßen zu nutzen ist: Bei einem solchen „neutralen" Briefbogen stehen das Logo und die Angaben zum Unternehmen am rechten Rand des Briefbogens. Die Fensterzeile entfällt.

Wenn Ihr Corporate Design farbig ist, sollten Sie das Briefpapier nicht selbst ausdrucken, sondern in einer Druckerei drucken lassen. Alternativ zum Offsetdruck, wo Sie in der Regel Blattmengen von mindestens 1.000 Stück ordern müssen, könnten Sie das Papier im Digitaldruck schon in einer kleineren Auflage drucken lassen. Überlegen Sie vor der Beauftragung der Druckerei, bei welchen Gelegenheiten Sie einen Brief schreiben und wählen Sie dann die entsprechend hohe Auflage. Je höher die Auflage, desto günstiger der Druck. Passend zum Briefpapier sollten Sie sich Briefumschläge zulegen. Wenn Sie hochwertiges Briefpapier nutzen, so verkaufen viele Druckereien die passenden Briefumschläge gleich mit. Die Briefumschläge können neutral und unbedruckt sein. Sinnvoll sind in diesem Fall Fensterumschläge, dann ersparen Sie sich das zusätzliche Erstellen von Adress-Etiketten.

Tipp
Achten Sie auf das optimale Gewicht für das Briefpapier. Dickeres Briefpapier wirkt zwar besser als ein dünneres, doch die Dicke des Briefpapiers ist nicht nur eine Frage des Geldbeutels, wenn es um die Anschaffung des Briefpapiers geht. Auch beim Porto spielt das Gewicht eine Rolle. Bevor Sie sich also für ein Briefpapier von beispielsweise 100 g/m² entscheiden, testen Sie, wie viel ein Brief mit zwei Seiten in einem passenden Briefumschlag wiegen würde. Ist er schwerer als 20 Gramm, so müssten Sie auch mehr Porto für Ihren Brief zahlen.

Digitales Briefpapier

Viele Dolmetscher und Übersetzer wickeln ihre Geschäfte via E-Mail ab. Wenn Sie Angebote und Rechnungen per E-Mail schicken, dann sollte auch Ihr digitales Briefpapier im Corporate Design gestaltet sein. Das digitale Briefpapier enthält also ebenfalls das Logo und alle Angaben, wie sie auch auf dem normalen Briefpapier stehen. Entweder der Grafiker oder ein Programmierer kann Ihnen ein solches digitales Briefpapier auf Basis der Vorlage für Ihr „normales" Briefpapier erstellen. Das digitale Briefpapier wird Ihnen viele gute Dienste leisten und ist unter anderem auch eine ideale Faxvorlage.

Tipp
Wenn Sie digitales Briefpapier verwenden, zum Beispiel für ein Angebot, vergessen Sie nicht, Ihr Dokument vor dem Versenden per E-Mail in eine geschützte pdf-Datei umzuwandeln. So lässt sich das Dokument nicht im Nachhinein verändern.

Kurzbrief

Nicht jeder Dolmetscher und Übersetzer braucht einen Kurzbrief. Wenn Sie jedoch des Öfteren einen Kurzbrief benötigen, um schnell und formlos Dokumente per Post zu verschicken, so sollte der Kurzbrief professionell aussehen. Falls Sie die Investition in den Druck eines Kurzbriefs scheuen, hier eine Low-Budget-Lösung: Legen Sie sich auf dem PC einen standardisierten Text als Vorlage für einen Kurzbrief an. Gestalten Sie die textliche Vorlage wie ein Formular, sodass Sie in diese Vorlage dann nur jeweils die Adresse einzutragen brauchen, ein entsprechendes Kreuz im Formular machen und Ihre Unterschrift daruntersetzen. Drucken Sie diesen Kurzbrief auf Ihrem normalen Briefpapier aus.

Stempel

Wenn Sie einen Stempel benötigen, erstehen Sie ihn am besten gleich beim Profi. Der Grund ist einfach: Billige Stempel zum selber Bauen gehen schnell kaputt. Das Stempelbild ist oft nicht gut lesbar. Holen Sie sich besser einen Stempel in einem Fachgeschäft oder auch beim Grafiker, der Ihnen einen Stempel mit integriertem Logo entwerfen kann. Das kostet nicht die Welt. Besonders einfach in der Handhabung sind selbst färbende Stempel mit einem integrierten Stempelkissen.

Flyer

Es gibt viele Freiberufler, die am Anfang der Selbstständigkeit einen Flyer in großer Stückzahl erstellt haben, der jetzt sein Dasein im Büroschrank fristet. Der Grund: Die Gelegenheit, einen Flyer zu überreichen, gibt es für Freiberufler eher selten. Deshalb brauchen Dolmetscher und Übersetzer im Grunde keinen Flyer für die Akquise. Insbesondere weil Flyer in der Erstellung ins Geld gehen können und schneller veralten, als man sie verteilen kann. Bevor Sie also die Erstellung eines Flyers in Auftrag geben, stellen Sie sich die Frage, wann Sie überhaupt einen Flyer bei der Akquise einsetzen würden. Wollen Sie ein Mailing machen? Werden Sie auf eine Fachmesse gehen? Welche Auflage müsste Ihr Flyer folglich haben? Wenn Sie sich für einen Flyer entscheiden, so lassen Sie ihn unbedingt vom Profi gestalten und nutzen Fotos von einem professionellen Fotografen. Der Flyer sollte selbstverständlich im Corporate Design gestaltet und auf gutem Papier gedruckt sein. Wenn Sie ihn per Post verschicken, zum Beispiel im Rahmen eines Mailings, dann achten Sie auch beim Flyer bei der Papierwahl auf das Gewicht. Das kann bei den Versandkosten einen großen Unterschied machen.

E-Mail-Adresse und -Signatur

Die meisten Dolmetscher und Übersetzer wickeln ihre Geschäfte vornehmlich über das Internet ab: Sie erhalten Aufträge per E-Mail und kommunizieren mit dem Kunden via E-Mail. Aus diesem Grund gehören die eigene E-Mail-Adresse und eine professionelle E-Mail-Signatur ebenfalls zur Basisausstattung. Das Gute daran ist, dass diese beiden Bausteine für die Geschäftsausstattung fast nichts kosten, außer der Zeit, diese für sich einzurichten.

E-Mail-Adresse

Viele Freiberufler nutzen für die geschäftliche Korrespondenz leider noch kostenlose E-Mail-Adressen von „Yahoo", „GMX" oder auch „WEB.de". Das ist nicht gut für das Unternehmensimage und wirkt nicht professionell. Falls auch Sie noch keine eigene E-Mail-Adresse für Ihr Unternehmen haben, können Sie diese bei einem Internetprovider für kleines Geld einrichten (zum Beispiel bei den großen Providern „www.1und1.com" oder „www.strato.de"). Die Kosten für eine E-Mail-Adresse belaufen sich auf circa 1 bis 2 Euro im Monat. Für eine individuelle E-Mail-Adresse benötigen Sie lediglich eine eigene Domain. Die Domain erfüllt den Zweck einer Postanschrift im Internet und ist Ihre „Webadresse". Wenn Sie ohnehin eine Domain für eine Website reservieren wollen oder bereits haben, ist eine E-Mail-Adresse automatisch enthalten. Sie müssen die E-Mail-Adresse nur noch einrichten. So kommen Sie in drei Schritte zur eigenen E-Mail-Adresse:

1. Entscheiden Sie sich für einen Domainnamen: Wenn Sie unter Ihrem bürgerlichen Namen arbeiten, wählen Sie einen passenden Domainnamen, zum Beispiel: www.karin-musterfrau.de oder www.karinmusterfrau.de. Die Endung „.de" steht dabei für eine deutsche Domain. Außerdem gibt es für jedes Land eine eigene Endung. Je nachdem, in welchem Land Ihre Kunden vornehmlich sitzen, können Sie überlegen, die entsprechende Endung auszuwählen. Sie können sich auch zwei Domainnamen reservieren. Sind Sie international tätig, könnten Sie von vornherein eine Domain mit einer internationalen Endung wie zum Beispiel „.com" in Erwägung ziehen. Auf der Website der Provider erhalten Sie eine Übersicht über alle verfügbaren Domainnamen.

2. Schließen Sie online einen Vertrag mit dem Provider und sichern Sie sich damit die Domain. Haben Sie sich zum Beispiel für „www.karin-musterfrau.de" entschieden, dann reservieren Sie online diesen Namen beim Provider Ihrer Wahl.

3. Legen Sie nun die E-Mail-Adresse an: Über die Website des Providers können Sie sich mit Ihren Kundendaten einloggen und sich eine eigene E-Mail-Adresse einrichten. Die Bezeichnung dafür können Sie selbst frei wählen. Typische E-Mail-Adressen für die Domain www.karin-muster frau.de wären zum Beispiel: info@karin-musterfrau.de, post@karin-musterfrau.de oder auch mail@karin-musterfrau.de. Bei der Wahl der E-Mail-Adresse sollten Sie daran denken, dass die E-Mail-Adresse professionell wirken und nicht zu lang sein sollte.

Falls Sie eine kostenpflichtige E-Mail-Adresse nutzen – zum Beispiel von T-Online oder AOL – so wirkt dies zwar nicht unprofessionell, jedoch möglicherweise verwirrend. Und zwar dann, wenn Sie bereits eine Website mit eigener Domain haben. Richten Sie langfristig lieber eine E-Mail-Adresse ein, die mit der URL Ihrer Website übereinstimmt.

E-Mail-Signatur

Die geschäftliche E-Mail ist ein digitaler Brief. Wenn ein Kunde Sie aufgrund einer E-Mail anrufen möchte, sollte er nicht lange nach Ihrer Telefonnummer suchen müssen: Die Nummer gehört nebst Vorwahl in die E-Mail-Signatur. Jede ausgehende E-Mail sollte eine professionelle digitale E-Mail-Signatur mit den geschäftlichen Kontaktdaten am Ende der E-Mail tragen. Die E-Mail-Signatur wirkt seriös und erleichtert Kunden sowie Geschäftspartnern die Kontaktaufnahme. Eine solche Signatur können Sie sich selbst am Computer einrichten. Jedes E-Mail-Programm bietet diese Gratis-Funktion. Nutzer von „Outlook Express" finden diese Funktion zum Beispiel unter dem Stichwort „Extras/ Optionen".

Welche Angaben gehören in die E-Mail-Signatur? Für Freiberufler gibt es (noch) keine Pflichtangaben für eine geschäftliche E-Mail, wie sie für Gewerbetreibende bereits gelten. Diese müssen schon seit einigen Jahren mit jeder E-Mail verbindlich alle Angaben in der E-Mail-Signatur anbringen, die auch für das Briefpapier von Gewerbetreibenden beziehungsweise Kaufleuten gelten. Dazu zählen zum Beispiel bei einer GmbH nicht nur die vollständigen Kontaktdaten, sondern beispielsweise auch der Name des Geschäftsführers sowie die Nummer des Eintrags ins Handelsregister. Dolmetscher und Übersetzer sind hier freier. Sie können selbst entscheiden, welche Angaben sie in die Signatur aufnehmen wollen. Es ist jedoch sinnvoll, sich an der geschäftlichen Signatur von Gewerbetreibenden zu orientieren.

Bei Freiberuflern weit verbreitet sind Signaturen, die reduziert sind auf Namen, Adresse und Telefonnummer. Das ist schade, denn in diesem Fall wird die Chance verpasst, mit jeder E-Mail zu zeigen, wer man ist und was man anbietet. Besser ist es, die E-Mail-Signatur wie eine elektronische Visitenkarte zu betrachten und alle Informationen darin aufzunehmen, die auch auf der Visitenkarte stehen:

- eventuell die Geschäftsbezeichnung

- Vor- und Zuname

- Berufsabschluss (nebst ggfs. Titel und Mitgliedschaften)

- Angebot

- Sprachen

- Vollständige Adresse

- E-Mail-Kontakt (auch wenn dies aus der E-Mail hervorgeht)

- Websiteadresse

Die E-Mail-Signatur kann sogar noch ausführlicher sein als die Visitenkarte, denn eine Platzbegrenzung in der E-Mail gibt es nicht. Die E-Mail-Signatur bietet genügend Raum, um auf seine Leistungen und seine Fachgebiete aufmerksam zu machen. Auch der Slogan, die Mobilnummer oder die Skype-Adresse machen sich dort gut. Erstellen Sie die E-Mail-Signatur mit Sorgfalt – sie wirbt mit jeder E-Mail für Ihr Unternehmen.

Tipp
Manche Branchenverbände stellen ihren Mitgliedern für das Marketing ein digitales Verbandslogo zur Verfügung. Mitglieder des BDÜ finden zum Beispiel ein solches Logo zum Herunterladen auf der Website des Verbandes unter www.bdue.de im internen Bereich unter „MeinBDÜ / Allgemeines". Im Unterschied zum normalen BDÜ-Logo enthält das Logo für Mitglieder zusätzlich den Schriftzug „Mitglied im". Das Logo lässt sich von den Mitgliedern sowohl in der elektronischen E-Mail-Signatur, als auch auf der eigenen Website für die Eigenwerbung nutzen. Wenn Sie Mitglied in einem anderen Branchenverband sind, könnten Sie in der jeweiligen Geschäftsstelle nachfragen, ob Sie das Logo der Organisation für Ihre Eigenwerbung nutzen dürfen.

Low-Budget-Lösungen für Visitenkarte und Briefpapier

Sie stehen ganz am Anfang der Selbstständigkeit oder sind erst in der Vorgründungsphase? Dann lohnt der Druck von Visitenkarten im großen Stil oft noch nicht. Vielleicht ändern sich die Daten bald wieder, zum Beispiel die Adresse oder die Telefonnummer. In diesen Fällen gibt es eine kostengünstige Interimslösung für Visitenkarte und Briefpapier:

Low-Budget-Visitenkarte

Lassen Sie sich eine einfache Visitenkarte ganz klassisch in Schwarz-Weiß und ohne Logo vom Copyshop oder einer Druckerei Ihres Vertrauens in kleiner Auflage drucken. Das Papier sollte „weiß" und von guter Qualität – also nicht zu dünn – sein. Lassen Sie sich am besten Papierproben zeigen und entscheiden Sie sich auf dieser Basis für ein Papier. Die kleinste Auflage für Visitenkarten im Copyshop liegt oft schon bei 50 Stück. Die Kosten für den Druck sind gering. Diese günstige Visitenkarte macht einen besseren Eindruck als eine selbst gemachte Visitenkarte.

Low-Budget-Briefpapier

Auf dem Briefpapier stehen üblicherweise die gleichen Angaben wie auf der Visitenkarte. Ist die Visitenkarte klassisch weiß mit schwarzer Schrift, so wie zuvor beschrieben, dann können Sie mit einem einfachen weißen Briefbogen arbeiten. Verwenden Sie als Briefpapier kein Kopierpapier, sondern kaufen Sie sich eine Packung weißes Briefpapier mit 90 g/m². Das Papier ist etwas schwerer als Kopierpapier, das 80 g/m² hat, und wirkt dadurch gehaltvoller. Für den Aufdruck des Textes auf dem Briefbogen wählen Sie die gleiche Schriftart und Schreibweise der Angaben wie auf der Visitenkarte. Verwenden Sie eventuell eine kleinere Schrift, damit alles in die Kopfzeile Ihres Dokumentes passt. Für den Druck des Briefpapiers sollte Ihnen ein guter Schwarz-Weiß-Laserdrucker zur Verfügung stehen, sonst überlegen Sie, ob Sie das Briefpapier im Copyshop ausdrucken lassen.

Die eigene Website

Eine Website ist heutzutage ein Muss für Selbstständige. Das Internet übernimmt immer mehr die Funktion der „Gelben Seiten" und ist ein Nachschlagewerk. Viele Punkte sprechen für eine eigene Website: Die Website ist eine optimale Präsentationsfläche für die eigenen Leistungen und Stärken. Freiberufler können potenziellen Kunden – seien es Agenturen, Direktkunden oder auch das berufliche Netzwerk – zeigen, was sie können und was sie von anderen Anbietern im positiven Sinne unterscheidet. Im Unterschied zu einem Flyer oder einer Broschüre lässt sich eine Website jederzeit mit einfachen Mitteln aktualisieren. Darauf kommt es bei der gelungenen Website an:

- Die Website sieht gut aus.
- Der Inhalt der Website bringt Ihre Leistungen auf den Punkt und ist gut geschrieben.
- Die Navigation ist einfach.
- Die Website hat eine kurze Ladezeit – sie baut sich schnell auf.
- Die Website ist auf jedem Computer, mit jedem Browser und optimalerweise auch bei mobiler Nutzung durch beispielsweise Smartphones gut zu lesen.
- Die Website ist sauber programmiert und wird von Suchmaschinen gut gefunden.

Die Liste macht deutlich, dass die Website ein anspruchsvolles Projekt sein kann, das Kapazitäten bindet. Eine Website kostet Zeit. Wer eine Website neben der laufenden Arbeit mithilfe eines Programmierers erstellt, kann realistischerweise drei bis sechs Monate dafür einkalkulieren. Wer alles selbst macht, also auch das Programmieren selbst übernimmt, braucht erfahrungsgemäß noch länger.

Praxisbeispiel
Die eigene Website kann, wenn sie gut gemacht ist, zum Auftragsturbo werden: Diplom-Übersetzerin Christiane ist seit über 10 Jahren im Geschäft. Sie ist Übersetzerin für Englisch und spezialisiert auf das Übersetzen von Wirtschaftstexten. Nach vielen Jahren mit einer selbst gemachten Website hat sie vergangenes Jahr in eine professionelle Website investiert. Nicht nur das Design und die Programmierung hat sie einem Profi überlassen. Auch ein gutes Foto musste her. Dazu engagierte sie eine Fotografin und machte eine Fotosession im

Büro eines befreundeten Unternehmers, weil das eigene Büro als Hintergrund nicht geeignet war. Der Aufwand hat sich gelohnt und die neue Website kann sich sehen lassen: Sie wirkt professionell, gradlinig und ansprechend. Da die Website in zahlreichen Branchenverzeichnissen steht, ist Christiane mit ihrem Angebot für potenzielle Kunden gut zu finden. Seit der Neugestaltung der Website erhält sie deutlich mehr Anfragen und Aufträge als vorher, insbesondere für ihr Fachgebiet Wirtschaft. Doch nicht nur das: Obwohl die Website deutlich auf den Schwerpunkt Wirtschaft ausgerichtet ist, erhält sie auch Anfragen für andere Fachgebiete. Die Spezialisierung schreckt also keinesfalls andere Interessenten ab.

Wie Sie Ihre Website planen

Die vorangegangenen Ausführungen haben deutlich gemacht, worauf es bei der Website ankommt: Sie brauchen eine aussagekräftige Website, die Kunden überzeugt und neugierig auf mehr macht. Das Ziel der Website ist es, den potenziellen Kunden dazu zu bewegen, Kontakt mit Ihnen aufzunehmen. Damit die Website dieses Ziel erfüllt ist es nützlich, sich bei der Planung der Website immer wieder in die Sicht eines potenziellen Kunden hineinzuversetzen. Überlegen Sie, was für ihn von Belang ist. Was sollte er über Sie wissen? Welchen Eindruck soll er von Ihnen und Ihren Leistungen erhalten? Welches Image möchten Sie haben? Welchen Nutzen bringt ihm die Zusammenarbeit mit Ihnen?

Die optische Gestaltung

Eine ansprechende Gestaltung ist wichtig für die Wirkung der Website, denn auch im Internet zählt der erste Eindruck. Die Website sollte im Corporate Design gestaltet sein, also in den gleichen Firmenfarben und mit dem gleichen Logo, das Sie auch für die Visitenkarte und das Briefpapier nutzen. Wenn Sie einen Slogan haben, dann kann er Bestandteil des Designs sein und auf jeder Seite stehen. Auch Ihr Name und die Benennung der Leistung kann – so wie der Slogan – ins Design der Website integriert werden. Zum Beispiel könnte der Schriftzug „Fachübersetzungen Englisch-Deutsch" auf jeder Seite oben stehen. So ist für den Besucher zu jedem Zeitpunkt klar, um was es auf der Website geht.

Falls Sie kein Corporate Design haben und erst mal klein anfangen wollen, gilt als Faustregel für die Gestaltung der Homepage: Weniger ist mehr. Treten Sie lieber dezent als zu bunt auf. Zwei bis maximal drei Farben sollten für das Design (ohne die Schriftfarbe für den Text und den Texthintergrund) ausreichen. Die Website sollte nicht unruhig wirken. In das Design der Website lassen sich zusätzlich noch grafische Elemente wie zum Beispiel Fotos einbinden. Wenn Sie mit Fotos arbeiten, denken Sie daran, dass für Profifotos von Ländern, Städten oder Menschen meist Nutzungsrechte fällig sind. Sofern Sie Bilder aus dem Internet verwenden wollen, klären Sie zuvor, wie es sich mit den Rechten an diesen Bildern verhält und ob eine Nutzungsgebühr zu zahlen ist. Hier in Kürze einige Tipps für die Gestaltung:

• Textfeld: Für das Textfeld der Website empfiehlt sich die Verwendung einer klaren und einfachen Schriftart ohne Serifen wie zum Beispiel die Schriftarten Arial, Helvetica oder Verdana. Diese Schriftarten lassen sich am Bildschirm gut lesen. Arbeiten Sie am besten ganz klassisch mit schwarzer oder dunkelgrauer Schrift auf einem weißen Hintergrund. Es gibt sehr viele verschiedene Weißtöne, die als Hintergrund nutzbar sind. Das wichtigste Kriterium: Das Weiß sollte angenehm fürs Auge sein und nicht blenden. Falls Sie für die Visitenkarte und das Briefpapier getöntes Papier verwendet haben, könnten Sie den Hintergrund Ihrer Homepage in diesem Farbton gestalten. Die Schriftgröße und den Zeilenabstand sollten Sie so wählen, dass alles gut lesbar ist. Die optimale Zeilenlänge liegt bei circa fünf bis sieben Wörtern.

• Menüleiste: Jede Website hat eine Menüleiste, die dazu dient, dass sich Besucher auf der Website gut zurechtzufinden. In der Menüleiste stehen die einzelnen Menüpunkte wie zum Beispiel „Start", „Profil" oder „Leistungen". Es ist sinnvoll, die Menüleiste auf der linken Bildschirmseite zu platzieren. Der Grund: Wenn Ihre Website einmal wachsen sollte, haben Sie am linken Bildrand bequem Platz, weitere Menüpunkte ein- oder anzubauen. Anders verhält es sich mit einer Menüleiste, die über dem Textfeld verläuft. Eine solche Menüleisten kann nicht unbegrenzt mitwachsen, weil dazu der Platz auf der rechten Seite fehlt. Das ist ein Nachteil, wenn sich Ihr Angebot und damit auch die Website mit den Jahren weiterentwickelt. Von einer Menüleiste auf der rechten Seite ist abzuraten, da die Internetnutzer in unseren Kulturkreisen von links nach rechts lesen. Prinzipiell empfiehlt es sich, bei der Gestaltung der Navigation daran zu denken, dass der Interessent schnell und einfach an die gewünschten Informationen kommt. Glänzen Sie also hinsichtlich der Navigation nicht durch ausgefallene Ideen, sondern orientieren Sie sich besser an den Standards.

- Fußzeile: Platzieren Sie zusätzlich eine „Fußzeile" am unteren Rand der Website mit einem Copyright-Zeichen, Ihrem Namen sowie Ihrer Telefonnummer und E-Mail-Adresse. So machen Sie es Kunden besonders einfach, Kontakt mit Ihnen aufzunehmen.

Tipp
Wer Mitglied in einem Berufsverband ist, könnte auf jeder Seite der Website auf die Verbandsmitgliedschaft hinweisen. Es wäre denkbar, diese Information direkt in das Design einzubinden. Entweder in Textform oder gar mit einem Logo. So sieht der Besucher auf jeder Seite diesen Hinweis. Wenn Sie Mitglied in einem Verband sind und das Verbandslogo nutzen möchten, dann fragen Sie nach, ob es gestattet ist. Sonst arbeiten Sie einfach mit dem Verbandsnamen.

Veraltete und überflüssige Elemente meiden

Mittlerweile haben sich im Bereich der Websitegestaltung bestimmte Standards herauskristallisiert. Hier eine Liste mit Gestaltungstechniken, die Sie auf Ihrer Website vermeiden sollten:

- Intro: Ein Intro ist ein kleiner Film oder eine Animation, die der Websitebesucher sieht, bevor sich die eigentliche Website öffnet. Oft liest man dann in kleinen Buchstaben „Skip Intro", um diesen Part wahlweise zu überspringen. Für die Website eines Freiberuflers ist von einem Intro abzuraten, denn es kostet den Websitebesucher und somit potenziellen Kunden unnötig Zeit. Im Internet geht es darum, schnell und zügig an die gewünschte Information zu gelangen.

- Gästebuch: Gästebücher findet man heutzutage vielleicht noch auf den Webseiten von Ferienhäusern und Pensionen. Darin stehen Kommentare von Besuchern. Für die Website von Freiberuflern sind Gästebücher überflüssig.

- Zählwerk: Früher trugen manche Websites ein Besucherzählwerk, das anzeigte, wie viele Menschen die Website schon besucht haben. Diese Technik ist mittlerweile „out".

Mehrsprachige Websites

Viele Dolmetscher und Übersetzer mit Sitz in einem deutschsprachigen Land möchten sich gerne eine Website in all ihren Arbeitssprachen einrichten. Das ist dann sinnvoll, wenn die Kunden kein Deutsch sprechen und/oder im Ausland sitzen. Wenn Sie überlegen, eine mehrsprachige Website einzurichten, sollten Sie wissen, dass der Aufwand dafür deutlich höher ist als für eine einsprachige

Website. Nicht nur für Sie selbst gibt es mehr zu tun, wenn Sie die Seiten übersetzen oder übersetzen lassen. Auch für den Programmierer bedeuten mehr Seiten auch mehr Aufwand. Damit steigen auch die Kosten. Wenn Sie also auf das Budget achten müssen, überlegen Sie, in wie vielen Sprachen Sie die Website wirklich benötigen.

Wenn Sie sich für eine mehrsprachige Website entscheiden, dann verwenden Sie für die fremdsprachige Fassung das gleiche Design wie für die deutsche Website. Es empfiehlt sich nicht unbedingt, mit farbigen Flaggen zu arbeiten, um auf die anderssprachigen Seiten hinzuweisen. Das ist zwar weit verbreitet, was aber nicht bedeutet, dass es eine optimale Lösung ist. Gerade für Sprachen wie Englisch, Spanisch oder Französisch ist es möglicherweise nicht günstig mit den Flaggen von England, Spanien oder Frankreich zu arbeiten. Diese Sprachen werden auch in anderen Ländern gesprochen. Wie würde die englische Flagge zum Beispiel auf einen amerikanischen Kunden wirken? Es empfiehlt sich deshalb eine neutralere Lösung: Machen Sie auf die fremdsprachigen Seiten einfach in Textform aufmerksam. Für eine deutsch-englische Website kann man zum Beispiel auf jeder Seite die Worte „Deutsch/English" am oberen rechten Rand mitlaufen lassen. Alternativ wäre es auch denkbar, an dieser Stelle „English version" (mit Hyperlink) auf der deutschsprachigen Website zu schreiben und „Deutsche Fassung" (mit Hyperlink) auf der englischsprachigen Website. Durch die Verlinkung kann der Besucher mit einem Mausklick von jeder Seite aus auf die anderssprachige Website wechseln.

Tipp
Verstecken Sie den Hinweis auf die Website in einer anderen Sprache nicht am unteren Bildrand: „Oben rechts" ist ein guter Platz, denn die Mehrheit der Menschen liest von links nach rechts und von oben nach unten. So wird der Hinweis auf die anderssprachige Fassung auch gut gefunden.

Technik

Wenn Sie sich eine Website einrichten wollen, so brauchen Sie eine eigene Domain, wie zuvor im Abschnitt über die E-Mail-Adresse beschrieben. Außerdem brauchen Sie den entsprechenden „Webspace", also den Speicherplatz für Ihre Inhalte im Internet. Beides erhalten Sie bei einem Internetprovider, der in der Regel neben der Domain unterschiedlich große Pakete für das Webhosting anbietet. Für eine einfache Website mit einigen Seiten Text reicht oft schon das kleinste Paket aus, das der Provider im Angebot hat. Es ist empfehlenswert, einen zuverlässigen Programmierer mit der Erstellung der Website zu beauftragen. Er kann Sie individuell über die verschiedenen technischen Möglichkeiten der Programmierung informieren, die sich mit der Weiterentwicklung der

Technik schnell ändern können. Er wird Ihnen auch sagen, welches Webpaket Sie für Ihre Website benötigen und welche Provider einen guten Ruf genießen. Die Anmeldung der Domain beim Provider sollten Sie jedoch auf jeden Fall selbst vornehmen, denn damit sind Sie selbst der Vertragspartner des Providers und die Rechte an der Domain liegen in Ihrer Hand.

Für Ihre Website haben Sie unter anderem die Wahl zwischen einer Website, deren Text nur der Programmierer ändern kann, und einer Website, deren Texte Sie selbst ändern können. Die Basis für die zweite Variante ist die Verwendung eines sogenannten „Content Management Systems" (CMS). Die Programmierung mit CMS ist aufwendiger und kostet daher mehr. Zum Einstellen von Texten benötigen Sie möglicherweise eine kleine Schulung. Eine solche Website mit CMS lohnt sich also nur, wenn Sie mindestens monatlich Texte ändern wollen. Eine interessante Alternative zum CMS ist eine Website auf Basis einer kostenlosen Blogsoftware wie zum Beispiel „WordPress". Der Programmierer kann mit der Software eine Website gestalten, die für den Internetnutzer aussieht wie eine „normale" Website. Das Ändern der Texte ist einfach. Die Kosten für eine einfache kleine Website auf Blogbasis sind meist überschaubar.

Inhaltliche Gestaltung

„Content is king": Die Inhalte auf der Website entscheiden darüber, ob ein Interessent mit Ihnen Kontakt aufnimmt oder nicht. Der Inhalt muss also überzeugen und glaubwürdig sein. Damit die Leser sich gut zurechtfinden, braucht jede Website eine Menüleiste, die zu den entsprechenden Inhalten führt. Wählen Sie für Ihre Menüleiste am besten gängige Bezeichnungen als Namen für die einzelnen Menüpunkte und orientieren Sie sich dabei an „Standards". So stellen Sie sicher, dass Besucher sich auf Ihrer Website schnell zurechtfinden.

Die folgenden Menüpunkte sind für die Website eines Freiberuflers eine gute Basis. (Die Namen in Klammern sind alternative, weit verbreitete Bezeichnungen für die Menüpunkte.)

1. Start („Home")
2. Profil („Über mich"/„Zur Person")
3. Leistungen („Angebot")
4. Referenzen („Kunden")
5. Kontakt
6. Impressum

Zu 1. Start („Home")

Wer eine Website plant, fragt sich, welche Seite besonders wichtig ist. Natürlich sind alle Seiten wichtig und sollten ansprechend formuliert sein. Die wichtigste aller Seiten ist jedoch die Startseite: Die Startseite ist die Seite mit der höchsten Besucherzahl. Nur wenn sie Interesse weckt, liest der Besucher auch weiter. Packen Sie deshalb auf die erste Seite alle Informationen, die wichtig sind. Benennen Sie in Kürze Ihr Angebot, Ihre Schwerpunkte und was für eine Zusammenarbeit mit Ihnen spricht. Auf den folgenden Seiten der Website führen Sie die Informationen der Startseite dann aus. Dabei kann es sein, dass Sie inhaltlich einige Aspekte von der Startseite wiederholen. Das ist kein Problem, wenn Sie auf den anderen Seiten dafür eine andere Wortwahl nutzen. Ohnehin schaut kaum ein Besucher wirklich alle Seiten der Website an. Die meisten „springen" von der Startseite auf die Seite, die sie als Nächstes interessiert. Besonders wichtig für die erste Seite Ihrer Homepage ist es deshalb, diese nicht als reine „Willkommensseite" ohne weiteren Inhalt zu gestalten. Zu Beginn des Internetzeitalters war dies sehr populär, doch mittlerweile sind reine Begrüßungsseiten „out". Wenn Sie die Besucher begrüßen möchten, so tun Sie dies im ersten Satz und gehen anschließend – so wie zuvor beschrieben – sofort darauf ein, was das Unternehmen anbietet und es auszeichnet.

Zu 2. Profil („Über mich"/„Zur Person")

Die Seite „Profil", oft auch „Über mich" oder „Zur Person" genannt, sollte alle wichtigen Informationen über Ihre Person enthalten und ein professionelles Foto von Ihnen zeigen. Oft sieht man auf solchen Profil-Seiten im Internet einen tabellarischen Lebenslauf, dabei liest sich eine Tabelle eher mühsam. Gestalten Sie die Seite „Profil" lieber in Form eines Fließtextes über Ihre Person. In den Fließtext gehören Informationen über Ihre Arbeit, Ihre Ausbildung und Ihre Berufserfahrung. Weitere Themen, die auf die Profilseite passen:

- Stärken
- Erwerb von Fremdsprachen
- Technische Ausstattung
- Mitgliedschaft in einem Berufsverband
- Hobbys, die zum Beruf passen

Ziel der Profilseite ist es, Ihre Persönlichkeit, Ihre Qualifikation und Ihre Stärken zu untermauern. Das Marketing von Freiberuflern beruht auf deren Person und Persönlichkeit. Bekennen Sie also Farbe auf der Profilseite. Zeigen

Sie, wer Sie sind und was für Sie spricht. Zeigen Sie auf der Profilseite Konturen und Persönlichkeit. Vermeiden Sie es, dabei zu persönlich zu werden. Falls der Text über Ihre Person zu lang wird, könnten Sie mit einer Mischung aus Fließtext und Aufzählungen arbeiten. Wichtig ist, dass sich alles am Bildschirm gut lesen lässt.

> **Tipp**
> Es ist für die Zusammenarbeit mit Direktkunden nicht nötig, auf der Website einen kompletten Lebenslauf einzustellen. Wenn Sie jedoch viel für Übersetzungsunternehmen arbeiten, die von Ihnen tatsächlich einen Lebenslauf sehen möchten, dann könnten Sie auf der Profilseite zusätzlich zum Fließtext einen klassischen Lebenslauf als pdf-Dokument zum Herunterladen einstellen.

Profil von Existenzgründern

Für Existenzgründer ist die Seite Profil oftmals eine „schwierige" Seite. Sie haben vielleicht gerade Ihre Ausbildung beendet und kaum Berufserfahrung. Trotzdem muss man das der Profilseite nicht unbedingt anmerken. In der Kürze liegt hier die Würze. Nennen Sie in diesem Fall in einem Fließtext einfach Ihren Namen, Ihre Ausbildung und Ihren Studienabschluss. Erläutern Sie, in welchen Sprachen Sie arbeiten und geben Sie zwei bis drei Arbeitsschwerpunkte an. Wenn Sie Auslandserfahrung haben, dann macht sich dies ebenfalls gut. Arbeiten Sie als junger Existenzgründer weniger mit Jahreszahlen und zeigen durch den Text Ihre Persönlichkeit. Benennen Sie möglicherweise ein Hobby, ein Ehrenamt und eine Mitgliedschaft in einem Verband. Das wirkt schon sehr gut. Nach und nach wird sich das Profil dann weiterentwickeln. Aktualisieren Sie in den ersten Jahren der Selbstständigkeit die Website regelmäßig.

EXTRA-TIPP

Das gelungene Businessfoto

Auf die Seite „Profil" gehört unbedingt ein professionelles Foto vom Unternehmer, also von Ihnen. Unterschätzen Sie nicht die Wirkung eines gelungenen Fotos. Es gibt der ganzen Website ein Gesicht und Persönlichkeit. Sparen Sie deshalb beim Foto nicht an der falschen Stelle. Ein Passfoto oder Bewerbungsfoto ist für eine Unternehmerwebsite nicht geeignet. Was Sie brauchen ist ein sogenanntes Businessfoto, das Sie in der Haltung eines Unternehmers zeigt. Sie sollten sich für das Foto nicht verkleiden, aber es sollte auch nicht zu privat oder zu leger aussehen. Insbesondere Dolmetscher sollten sich bewusst in Berufskleidung fotografieren lassen. Für Übersetzer ist der Spielraum größer. Recherchieren Sie am besten auf anderen Webseiten, wie sich Unternehmer dort präsentieren. Wenn Sie ein gelungenes Foto entdecken, dann könnten Sie es dem Fotografen als Vorbild mitbringen. So weiß er, was Sie sich vorstellen und kann Ihr Businessfoto entsprechend inszenieren. Und noch ein Hinweis für den Kontakt mit dem Fotografen: Die meisten Fotografen vergeben an den Fotos Nutzungsrechte und staffeln die Preise entsprechend. Sagen Sie dem Fotografen, dass Sie das Foto in einer digitalen Fassung benötigen und es auch auf Ihre Website stellen wollen. Dies wird den Preis für das Foto eventuell erhöhen, doch so sind Sie rechtlich gesehen auf der sicheren Seite. Haben Sie erst mal ein professionelles Foto, werden Sie sich möglicherweise wundern, wie oft es in Zukunft zum Einsatz kommt.

Zu 3. Leistungen („Angebot")

Auf der Seite mit dem Namen „Leistungen" oder auch „Angebot" geht es inhaltlich darum, was Kunden bei Ihnen „einkaufen" können. Die Grundlage für diese Seite haben Sie bereits im Kapitel über die Positionierung herausgearbeitet. Führen Sie auf der Leistungsseite in einfachen und ansprechenden Worten aus, was genau Sie anbieten: Sind Sie Experte für Fachübersetzungen oder Konferenzdolmetscher? Für welche Sprachen? Haben Sie Arbeitsschwerpunkte? Wer sind Ihre Kunden? Wenn Sie gleichermaßen als Dolmetscher und als Übersetzer arbeiten, dann kann es möglicherweise sinnvoll sein, dafür zwei separate Seiten als Unterseite zu „Leistungen" anzulegen. Auf der Seite mit dem Titel „Dolmetschen" dreht sich dann im Text alles um Ihr Angebot im Bereich

Dolmetschen. Die andere Seite „Übersetzen" enthält die Informationen über Ihre Leistungen im Übersetzungsbereich. Egal ob Dolmetscher oder Übersetzer: Schreiben Sie auf der Seite „Leistungen" nochmals Ihre Stärken und Ihre Alleinstellungsmerkmale auf: Was können Sie besser als andere? Was unterscheidet Sie von Mitbewerbern?

Zu 4. Referenzen („Kunden")

Referenzen auf der Website sind ein Pluspunkt und werden in Zeiten starken Wettbewerbs immer wichtiger. Sie untermauern die Angaben zur Berufserfahrung und schaffen Vertrauen. Geben Sie auf der Seite „Referenzen" an, für wen Sie bereits tätig waren. Verschiedene Varianten sind an dieser Stelle denkbar:

- Manche Übersetzer listen einfach die Namen von Firmen auf, für die sie schon tätig waren. Damit die Liste besser zu lesen ist, könnten Sie die Aufzählung zum Beispiel nach Arbeitsschwerpunkten gliedern und mit Zwischenüberschriften versehen. Haben Sie zum Beispiel die Arbeitsschwerpunkte „Technik" und „Juristische Übersetzungen", so können unter dem Stichwort „Technische Übersetzungen" die Namen der „Technikkunden" in alphabetischer Reihenfolge stehen. Und unter dem Stichwort „Juristische Übersetzungen" steht eine Liste mit Kunden, für die Sie juristische Übersetzungen erstellt haben.

- Dolmetscher haben oft keine Arbeitsschwerpunkte, doch durch Zwischenüberschriften lässt sich auch für sie eine längere Aufzählung mit Kundennamen sinnvoll gliedern und interessanter gestalten. Denkbar wäre es beispielsweise, die Namen nach der Art der Auftraggeber zu bündeln, wie zum Beispiel Behörden, Politik, Wissenschaft oder Wirtschaft.

- Wer nur wenige Referenzen hat, aber auch, wer eine Website mit mehr Tiefe bieten möchte, der kann die Referenzen konkret ausführen. Dazu nennen Sie mindestens drei bis fünf Unternehmen mit Namen und beschreiben jeweils detailliert, was Sie für diese Unternehmen gemacht haben. Eine solche Beschreibung wirkt besonders glaubwürdig.

Im Zusammenhang mit den Referenzen ist darauf hinzuweisen, dass diese der Wahrheit entsprechen müssen und Sie den Kunden vorher gefragt haben sollten, ob Sie ihn auf der Website nennen dürfen. Eine besonders positive Wirkung haben vor allen Dingen „echte" Referenzen, also solche mit einem Firmennamen. Anonyme Referenzen wie „ein großes Unternehmen aus der Automobilbranche mit Sitz in Norddeutschland" wirken leider nicht so gut. Es ist zwar besser als nichts, aber auch nicht so überzeugend. Bei kleinen und mittleren Unternehmen ist es in der Regel kein Problem, grünes Licht für eine Referenz zu bekommen. Bei großen Unternehmen kann es sein, dass Ihr Ansprechpartner Sie an die Pressestelle verweist. Bleiben Sie dran und fragen Sie höflich dort nach, ob Sie das Unternehmen als Referenz auf der Website nennen dürfen. Wenn Sie im Agenturauftrag spannende Aufträge übernommen haben, so fragen Sie die Agentur, ob Sie auf Ihrer Website diese Referenzen nennen dürfen. Schreiben Sie in diesem Fall nach dem Firmennamen in Klammern, dass Sie diese Arbeit im Agenturauftrag erledigt haben. Zum Beispiel: Mustermann AG (im Agenturauftrag). Sollten Sie eine Verschwiegenheitsklausel unterschrieben haben oder vielleicht zu einem Kunden oder einer Agentur keinen wirklich guten Draht haben, dann weichen Sie auf andere Kunden als Referenz aus.

Referenzen und Statements

Wenn es um Referenzen geht, wirken Statements von Kunden besonders glaubwürdig. Gemeint sind kurze authentische Aussagen von Kunden über Ihre Arbeit oder auch die Form der Zusammenarbeit. Kundenstatements sind kaum zu toppen und wirken richtig überzeugend! Wichtig ist hierbei, dass sowohl der Firmenname als auch der komplette Name des Zitatgebers genannt sind. Sonst wirkt es leicht so, als hätte man die Zitate selbst erfunden. Wie kommt man am besten an Kundenstatements? Sprechen Sie Ihre Kunden an und bitten Sie ganz offen um einen kurzen Kommentar für Ihre Website. Gefragt sind authentische Äußerungen des Kunden darüber, was er an Ihnen schätzt, warum er gerne mit Ihnen zusammenarbeitet oder auch wie er die Zusammenarbeit empfindet. Bieten Sie an, das Zitat mit dem Namen des Unternehmens und einem Link zur Unternehmenswebsite des Kunden zu versehen.

Es kann spannend sein, Kunden um ein kurzes Zitat für die Website zu bitten. So erfahren Sie, was die Kunden über Sie denken und an Ihnen schätzen. Vielleicht haben Ihnen Kunden sogar schon spontan per E-Mail geschrieben, dass ihnen zum Beispiel die Übersetzung oder die Zusammenarbeit gut gefallen hat? Heben Sie sich solche E-Mails unbedingt auf. So entsteht nach einer Weile eine stattliche Sammlung mit Kundenstimmen. Sie können diese Statements für die Seite „Referenzen" nutzen oder – wenn es ausreichend viele Statements gibt – über eine Extra-Seite mit den „Kundenstimmen" auf Ihrer Website nachdenken.

Zu 5. Kontakt

Das Ziel der Seite „Kontakt" ist es, die Kontaktaufnahme mit Ihnen auszulösen. Auf der Kontaktseite sollte deshalb ein einladender Satz stehen, der dazu auffordert, Sie anzurufen oder eine E-Mail zu schicken. Die kompletten Kontaktdaten gehören ebenfalls auf die Kontaktseite. Noch besser ist es, auf dieser Seite all jene Angaben einzustellen, die auch auf der Visitenkarte oder in der E-Mail-Signatur stehen. Nennen Sie also nicht nur Ihre Adresse, sondern auch Ihren beruflichen Abschluss und die Sprachen, in denen Sie arbeiten.

Was häufig zu beobachten ist, aber nicht unbedingt eine gute Lösung darstellt: Viele platzieren auf ihrer Kontaktseite nur ein Kontaktformular, jedoch weder einen Namen, noch eine Telefonnummer oder Adresse. Das ist ungünstig aus vielerlei Gründen. Ein solches Formular wirkt zum einen nicht wirklich einladend und sehr anonym. Es ist für Kunden zudem wichtig zu wissen, mit wem sie es zu tun haben und wo der Firmensitz ist. Das weckt Vertrauen. Der Nachteil eines Kontaktformulars für den Absender ist außerdem, das er nachher nicht ersehen kann, an wen er welche Anfrage geschickt hat. Es sei denn, Sie haben es so eingerichtet, dass der Anfragende nach dem Absenden automatisch eine kurze Bestätigungs-E-Mail erhält. Überlegen Sie also mit Bedacht, ob Sie wirklich ein Formular brauchen, um eine Anfrage eines potenziellen Kunden in die richtigen Bahnen zu lenken. Ihr Pluspunkt als freiberuflicher Dolmetscher und Übersetzer gegenüber Agenturen ist, dass Sie als Mensch hinter der Leistung stehen. Gestalten Sie die Kommunikation deshalb lieber persönlich – genau das ist Ihre Stärke als „Einzelkämpfer". Wenn Sie dem Kunden an dieser Stelle sagen möchten, wie er am besten eine Anfrage nach einem Angebot bei Ihnen stellen kann, dann könnten Sie dies in Form eines kurzen Textes oder einer kleinen Checkliste ausführen. Wenn Ihnen ein Formular trotzdem wichtig sein sollte, weil Sie zum Beispiel eine GbR sind und sehr viele Anfragen erhalten, führen Sie in Ergänzung zum Formular zusätzlich noch Ihre Kontaktdaten auf. So hat der Kunde die Wahl, wie er Sie kontaktieren möchte.

Zu 6. Impressum

Das Impressum ist eine Pflichtseite für Unternehmer – nicht nur für Gewerbetreibende, sondern mittlerweile auch für Freiberufler. Es soll anzeigen, wer hinter dem Unternehmen steht und die Verantwortung für die Inhalte der Website trägt. Im Impressum müssen deshalb sowohl Ihr vollständiger Name als auch alle nötigen Angaben stehen, um Kontakt mit Ihnen aufnehmen zu können. Für Freiberufler gehören folgende Angaben in ein gesetzeskonformes Impressum:

- Vollständiger bürgerlicher Name des Betreibers
- Vollständige Anschrift (keine Postfachadresse)

- Telefonnummer
- Faxnummer (wenn vorhanden)
- E-Mail-Adresse
- Steuernummer oder Umsatzsteuer-Identifikationsnummer
- Bei Websites mit redaktionellen Beiträgen: presserechtlich Verantwortlicher (eine natürliche Person mit ständigem Aufenthalt im Inland)

Im Gegensatz zu Freiberuflern müssen Unternehmen, die ins Handelsregister eingetragen sind, im Impressum weitere Angaben aufführen, wie zum Beispiel die Rechtsform, das Registergericht, die Registernummer und den Namen des Geschäftsführers. Für alle, die die rechtlichen Vorschriften zum Impressum genauer nachlesen möchten: Auf der Website des Bundesministeriums der Justiz gibt es unter www.bmj.de einen Leitfaden zur Impressumspflicht.

Haftungsausschluss
Es empfiehlt sich, unter dem Menüpunkt „Impressum" noch einen Text mit einem Haftungsausschluss beziehungsweise „Disclaimer" einzustellen. Dies ist ein kurzer Text, mit dem sich der Betreiber der Website von den Inhalten externer Links distanziert. Dies ist nötig, wenn Sie von Ihrer Website aus auf die Website von anderen Unternehmen verlinken, zum Beispiel auf der Seite mit „Referenzen". Einen kostenlosen Muster-Disclaimer finden Sie im Internet unter „www.e-recht24.de/muster-disclaimer.htm".

Weitere optionale Menüpunkte

Natürlich sind weitere Menüpunkte für die Website von Dolmetschern und Übersetzern denkbar. Weit verbreitet sind zum Beispiel Seiten zu den Themen: Preise, Philosophie oder auch FAQ. Doch brauchen Sie diese Seiten wirklich? Hier einige Informationen als Entscheidungshilfe:

- Preise: Viele Dolmetscher und Übersetzer fragen sich, ob sie auf der Website Preise nennen sollten. Zunächst einmal gibt es keine Pflicht für Dolmetscher und Übersetzer, Preise auf der Website zu nennen. Wenn Sie Ihre Preise individuell gestalten, so ist es möglicherweise auch nicht empfehlenswert, Preise anzugeben. Wollen Sie sich doch zu diesem Thema äußern und eine Seite zum Thema „Preise" auf der Homepage einrichten, dann sollten Sie auf dieser Seite auch interessante Informationen einstellen. Ein Zweizeiler mit der Info, dass man an dieser Stelle keine Preise nennen kann, wäre für den Interessenten enttäuschend. Stellen Sie stattdessen an dieser Stelle nützliche Informationen dazu ein, wie sich Ihr Honorar berechnet. Erläutern Sie, dass Sie das Honorar zum Beispiel auf Basis von Worten oder Zeilen berechnen. Beschreiben Sie genauer, welche Informationen Sie vom Kunden benötigen, um ein Angebot zu erstellen. Legen Sie sich auf der Seite „Preise" aber besser nicht auf ein bestimmtes Zeilenhonorar, Wortpreise oder einen Stundensatz fest. Damit schränken Sie sich selbst ein. Arbeiten Sie, wenn überhaupt, mit Preisspannen, die Ihnen die nötigen Spielräume lassen, den Auftrag realistisch zu kalkulieren. Schreiben Sie also zum Beispiel: „Meine Leistungen im Bereich der Fachübersetzungen berechne ich auf Basis eines Wortpreises zwischen x und y Euro. Das konkrete Honorar hängt von der Schwierigkeit des Textes ab. Schicken Sie mir einfach den zu übersetzenden Text und Sie erhalten von mir umgehend ein Angebot für Ihre Übersetzung." Ausnahmen gibt es immer: Wenn Sie zum Beispiel im Bereich der Urkundenübersetzung tätig sind und über Festpreise verfügen, könnten Sie diese Festpreise im Internet nennen. Sie sind dazu aber nicht verpflichtet. Lesen Sie dazu auch die nachfolgenden Hinweise unter dem Stichwort „AGB".

- Philosophie („Credo"): Eine Seite mit der Philosophie des Unternehmens kann für Sie sinnvoll sein, wenn Sie über eine ganz bestimmte Philosophie verfügen, die Sie von anderen Unternehmen unterscheidet. Ein Extra-Menüpunkt zum Thema unterstreicht, wie wichtig dieser Aspekt für das Unternehmen ist. Wenn es Ihnen um Qualität geht, so könnten Sie diese Information allerdings auch auf jeder Seite Ihrer Website einfließen lassen: auf der Startseite, auf der Leistungsseite und auf der Profilseite. Da die Menschen immer weniger Zeit haben und die Leser den Menüpunkt womöglich übersehen, ist diese Variante möglicherweise besser als eine Extra-Seite zum Thema Qualität.

- FAQ: Eine Seite mit „FAQ", also „Frequently asked questions" ist auf den Webseiten von Online-Shops sehr gebräuchlich. Dort stehen die typischen Fragen von Kunden und die Antworten des Anbieters. Eine Seite mit „FAQ" hat nicht jeder Dolmetscher und Übersetzer. Wenn Sie den Eindruck haben, dass Kunden Ihnen oft die gleichen Fragen stellen und dankbar für transparente Antworten sind, so wäre dies vielleicht eine Idee für Ihre Website. Eine solche Seite ist zum Beispiel denkbar mit den Fragen und Antworten zu den Themen Preise, Qualität und Zusammenarbeit.

- AGB: Viele Freiberufler fragen sich, ob es eine Pflicht gibt, Allgemeine Geschäftsbedingungen (AGB) auf die Website zu stellen. Zunächst einmal gibt es für Freiberufler prinzipiell keine gesetzliche Pflicht zur Verwendung von AGB. Verwendet ein Unternehmer keine AGB, gelten die gesetzlichen Regelungen. Durch AGB kann ein Unternehmer diese gesetzlichen Regelungen jedoch in zahlreichen Punkten zu seinen Gunsten modifizieren. Damit AGB wirksam sind, müssen sie in den Vertrag mit dem Kunden einbezogen werden. Es ist also nicht ausreichend, AGB auf die Website zu stellen. Damit AGB ein Vertragsbestandteil werden, muss der Anbieter ausdrücklich auf die AGB hinweisen und der Vertragspartner muss diese zur Kenntnis nehmen sowie der Geltung der AGB ausdrücklich zustimmen.

An dieser Stelle sei auch auf die Rechtsnorm „Verordnung über Informationspflichten für Dienstleistungserbringer" hingewiesen. Sie regelt die Informationspflichten für den Anbieter einer Website, die auch für Freiberufler gelten. Ziel der Informationspflicht ist es, Dienstleistungen transparenter zu machen und Verbraucher zu schützen. Demnach sind vom Dienstleister unter anderem auch Informationen zu den verwendeten Allgemeinen Geschäftsbedingungen bereitzustellen, wenn er denn welche hat. Es obliegt allerdings dem Dienstleistungserbringer selbst, wie er diese Information bereitstellt. Er muss dies nicht über seine Website tun, sondern kann dieser Pflicht zum Beispiel in Form einer unaufgeforderten direkten Mitteilung – zum Beispiel per E-Mail oder Fax – an den Dienstleistungsempfänger nachkommen. Wenn Sie AGB verwenden, dann spricht also nichts dagegen, diese auf die Website zu stellen. Rechtlich verpflichtend werden sie dadurch noch nicht und Sie sind, wie zuvor ausgeführt, nicht dazu verpflichtet. Dies gilt auch für eine feste Preisliste, wenn diese für das geplante Geschäft gelten soll. (Nähere Informationen zu dieser Rechtsnorm stehen auf einer Website des Bundesministeriums der Justiz unter „www.gesetze-im-internet.de", Gesetze und Verordnungen, Stichwort „DL-InfoV".)

Rechtliche Aspekte

Lassen Sie sich von den rechtlichen Aspekten der Website nicht abschrecken. So viele „Pflichten" gibt es für Freiberufler am Ende doch nicht. Hier zusammenfassend die wichtigen Punkte, die es bei der Website zu beachten gilt:

- Die Inhalte sollten der Wahrheit entsprechen.

- Die Sprache sollte nicht werblich sein, sondern informativ.

- Verwenden Sie keine Texte aus Büchern oder von anderen Internetseiten ohne die Erlaubnis des Autors. Wenn Sie jemanden zitieren, müssen Sie dies als Zitat kennzeichnen und die Quelle nennen.

- Verwenden Sie keine Bilder aus Büchern oder aus dem Internet, ohne die ausdrückliche schriftliche Genehmigung des Urhebers.

- Die Website braucht ein rechtssicheres Impressum. (Wie zuvor beschrieben.)

Wie Sie eine Inhaltsskizze für Ihre Website erstellen

Bei der Planung der Website ist es wichtig zu wissen, welche Inhalte Sie aufnehmen wollen und welchen Menüpunkten Sie die jeweiligen Inhalte zuordnen wollen. Eine Inhaltsskizze hilft Ihnen als Vorarbeit für das Website-konzept und dient als Grundlage für den Websitetext. Erstellen Sie sich am besten eine Vorlage auf einem DIN-A4-Blatt nach folgendem Muster:

	Menüpunkt	Geplante Inhalte in Stichworten
1.	z. B. Start	
2.		
3.		
4.		
5.		
6.		

Wenn Ihre Website mehr als sechs Menüpunkte haben soll, so ergänzen Sie die entsprechende Anzahl an Zeilen auf Ihrer Vorlage.

Websitetext

Bevor Sie mit dem Texten der Website beginnen, ist es sinnvoll, sich durch eine Inhaltsskizze einen Überblick über die Inhalte der Website zu verschaffen. Machen Sie am besten zuvor die entsprechende Übung zur Inhaltsskizze auf der vorherigen Seite. Die Inhaltsskizze ist Ihr roter Faden durch die Website und gibt Ihnen Orientierung. Wenn es um das Schreiben selbst geht, gilt insbesondere für das Texten im Internet die amerikanische Texterregel „KISS": „Keep it short and simple". Insbesondere „einfach" sollten Internettexte geschrieben sein. Darüber hinaus ist auf folgende weitere Kriterien zu achten:

- Schreiben Sie nutzenorientiert und vermeiden Sie Fachausdrücke.

- Schreiben Sie flüssig, sachlich und informativ.

- Achten Sie darauf, dass die Sätze nicht zu lang sind. Spätestens ab dem zweiten Nebensatz wird die Aussage schwer verständlich. Ein Richtwert für die Länge der Sätze sind maximal 18 Wörter pro Satz.

- Gliedern Sie den Inhalt und arbeiten Sie mit Zwischenüberschriften, wenn es viel Text gibt. Das lockert das Layout auf.

- Arbeiten Sie weder mit gefetteten Buchstaben noch mit unterstrichenen Textbestandteilen, denn diese sind im Internet Zeichen für eine Verlinkung. Die einzige Ausnahme für diese Regel sind die Überschrift oder Zwischenüberschriften, sie dürfen natürlich gefettet sein.

Da sich bei eigenen Texten oft Fehler einschleichen, ohne dass man sie bemerkt, sollten Sie den Websitetext lektorieren lassen. Vielleicht machen Sie dies im Austausch mit einem Kollegen oder einer Kollegin zur gegenseitigen Qualitätssicherung? Wenn Sie sich mit dem Schreiben schwer tun und Ihre Website aus diesem Grund schon seit Wochen oder gar Monaten ruht, dann engagieren Sie einfach einen Texter. Das zahlt sich aus und schont die Nerven.

Beim Schreiben an die Zielgruppe denken

Wenn Sie sich an das Texten der Website setzen, hilft es, sich die Zielgruppe der Website dabei vorzustellen: Wer sind die Leser, also die potenziellen Kunden? Welches Wissen können Sie voraussetzen? Machen Sie diese Übung am besten schriftlich.

1. Wendet sich Ihr Angebot an Agenturen, Direktkunden oder Privatpersonen? Oder an alle drei Zielgruppen? Was heißt das für Ihren Text?

2. In welcher Branche arbeiten Ihre Kunden?

3. Wie alt sind Ihre Kunden im Durchschnitt?

4. Sind Ihre Kunden eher Männer oder Frauen?

5. Welchen Bildungsstand haben Ihre Kunden?

Visualisieren Sie Ihre Zielgruppe beim Schreiben. So fällt es leichter, den richtigen Ton zu treffen. Sie haben ganz unterschiedliche Zielgruppen? Schreiben Sie im Zweifelsfall eher neutral und sachlich.

Eine Alternative: Die Webvisitenkarte

Wenn Sie nicht sofort mit einer mehrseitigen Website starten möchten, aber schnell im Internet gefunden werden wollen, können Sie sich als Alternative zur Website zunächst eine „Webvisitenkarte" einrichten: Das ist eine einzige Seite im Internet mit Ihren Kontaktdaten und ersten Informationen zu Ihren Leistungen. Der Name „Webvisitenkarte" suggeriert, es handele sich um eine Visitenkarte im Internet. Doch Sie haben bei der Webvisitenkarte weitaus mehr Möglichkeiten hinsichtlich der Gestaltung und des Textes, als bei einer Visitenkarte aus Papier. Nennen Sie auf der Webvisitenkarte Ihre vollständigen Kontaktdaten, Ihre Leistungen, Ihre Qualifikation und Ihre Stärken. Ergänzen Sie – am besten bei den Kontaktdaten – noch die Umsatzsteuer-Identifikationsnummer und es steht alles drin, was man auch für ein korrektes Impressum braucht. Eine gesonderte Seite für ein Impressum brauchen Sie nicht, wenn alle wichtigen

Angaben enthalten sind, die für ein ordnungsgemäßes Impressum nötig sind. Ganz wichtig für die Webvisitenkarte: Stellen Sie ein gutes Foto von sich ein! Optisch sollte auch die Webvisitenkarte im Corporate Design gestaltet sein. Leider sieht man im Internet gerade bei den Webvisitenkarten viele Seiten, die einen farbigen Hintergrund haben. Blaue, gelbe oder gar grüne Webvisitenkarten wirken am Bildschirm leider selbst gebastelt und lassen sich nicht gut lesen. Wenn Sie kein Corporate Design haben, bleiben Sie bei der Webvisitenkarte einfach ganz klassisch bei den Farben Schwarz und Weiß. Für die Schrift sollten Sie, wie auch bei der Website, eine leicht lesbare Schrift ohne Serifen wählen, zum Beispiel den Schrifttyp Arial. Vermeiden Sie eine Schreibschrift oder eine Kursivschrift. Das wirkt nicht geschäftlich genug.

Warum die Unterstützung durch einen Programmierer lohnt

Für eine gelungene Website lohnt es, sich von einem Programmierer unterstützen zu lassen. Viele Dolmetscher und Übersetzer haben Angst vor den vermeintlich hohen Kosten und wollen die Website selber programmieren. Wenn Sie keine Vorerfahrung im Bereich der Programmierung haben, ist davon abzuraten. Es gibt im Bereich der Programmierung einfach zu viele Stolperfallen, zum Beispiel:

1. Die Website sieht schon auf den ersten Blick selbst gemacht aus – das ist nicht imagefördernd.

2. Sie haben eine Website, aber die Suchmaschinen finden sie nicht. Also werden auch Sie und Ihr Angebot im Internet nicht gefunden.

3. Sie haben eine Website, doch sie sieht auf jedem PC anders aus, mal klein und mal groß, oder ist auf manchen Rechnern gar unlesbar.

4. Die Programmierung dauert „unendlich lang", da Sie oder eine Person aus dem Bekanntenkreis dies neben der Arbeit machen. In all den Monaten ohne Website verpassen Sie möglicherweise interessante Aufträge.

Auch die angeblich so einfachen fertigen Webseiten nach dem Baukastenprinzip, wie Sie die großen Provider anbieten, sind keine optimale Alternative. Wenn Sie auf eine fertige Website zurückgreifen, die Sie selbst anhand von Vorlagen ohne Technikkenntnisse erstellen, dann sind Sie damit an den Anbieter gebunden. Sollten Sie ihn wechseln wollen, ist die Website weg. Außerdem müssen Sie daran denken, dass Sie monatlich eine bestimmte Summe für die fertige Website zahlen müssen. So kommt in einigen Jahren ein Betrag zusammen, für den Sie schon eine eigene Website haben könnten. Bevor Sie also beschließen, die Website selbst zu programmieren oder sich durch eine „Do-it-yourself-Website" zu arbeiten, holen Sie sich vorher Angebote für die Programmierung einer einfachen Website bei einem freien Programmierer ein. Eine einfache Website ist nicht so teuer, wie manche denken. Insbesondere dann nicht, wenn man eine gute Vorarbeit leistet.

Die Zusammenarbeit mit Programmierern und Grafikern

Die meisten Programmierer sind auf das Programmieren spezialisiert und benötigen für das Design der Website eine Vorlage vom Grafiker beziehungsweise vom Webdesigner. Nur wenige Programmierer bieten beide Leistungen aus einer Hand. Wenn Sie den Programmierer nach einem Angebot für die Programmierung und den Grafiker nach einem Angebot für das Design fragen, so brauchen beide von Ihnen ein Konzept der Website. In das Konzept gehört unter anderem, wie viele Seiten die Website haben soll und welche Menüpunkte geplant sind. Darüber hinaus könnten Sie im Konzept einige Webseiten aufführen, die Ihnen gefallen. Ergänzen Sie am besten, was genau dort als Vorbild für Ihre Website dienen könnte: zum Beispiel die Farben, der Stil oder auch der Aufbau.

- Für den Programmierer sollte aus dem Konzept insbesondere ersichtlich sein, wie viele Seiten die Website haben soll und ob Sie besondere Wünsche haben. Dazu zählt zum Beispiel die Programmierung eines Kontaktformulars. Erfragen Sie beim Programmierer nicht nur das Honorar für die Erstellung der Website, sondern eventuell auch für eine mögliche Erweiterung (z. B. für eine fremdsprachige Fassung) und erfragen Sie das Honorar für eine mögliche Aktualisierung von Texten. Eine Aktualisierung der Website wird bei einer normalen kleinen Website ohne aktuelle Elemente vielleicht einmal pro Jahr nötig sein. Wenn es darum geht, von Suchmaschinen gut gefunden zu werden, so sollte der Programmierer die Website in Suchmaschinen eintragen. Fragen Sie diese Leistung am besten gleich mit an, wenn Sie einen Programmierer suchen. Bei manchen Programmierern gehört dies automatisch mit zum Service, andere berechnen diese Leistung separat.

- Für den Grafiker beziehungsweise Webdesigner ist es wichtig zu wissen, ob es ein Corporate Design gibt und ob Sie ein professionelles Logo als Vorlage haben, das er nutzen kann. Außerdem braucht auch er Informationen darüber, wie viele Seiten die Website haben wird und ob alle Seiten gleich gestaltet sein sollen. Eine weitere Information, die für den Grafiker interessant ist: Wollen Sie mit Fotos arbeiten? Für die Nutzung von Fotos sind oftmals Nutzungsgebühren fällig, dies ist bei der Kalkulation der Kosten mit einzuplanen. Wenn Sie weder Logo noch Corporate Design haben, so könnten Sie den Grafiker nach einem „Gründerpaket" fragen, in dem nicht nur das Webdesign, sondern die Logoentwicklung, die Visitenkartengestaltung und die Gestaltung eines Briefbogens enthalten ist. Es ist sinnvoll, alles aus einer Hand zu bekommen und oftmals ist es im Paket günstiger. Wichtig in diesem Zusammenhang: Vereinbaren Sie, dass Sie das Logo – am besten gebrannt auf CD – in verschiedenen Dateiformaten vom Grafiker erhalten. So gehen Sie sicher, dass Sie das Logo immer vorliegen haben, wenn es einmal gebraucht wird. Zum Beispiel, wenn Sie im Internet eine Anzeige in einem Branchenverzeichnis aufgeben wollen und die Gestaltung der Anzeige im Preis inbegriffen ist.

Pro und Contra: Newsletter und Weblog

Natürlich wünscht sich jeder Unternehmer, dass sich sein Produkt „ganz von alleine", nur mithilfe der Website, verkauft. Das ist insbesondere wichtig für Online-Shops, aber auch für Freiberufler, die mit kleinem Budget sozusagen „digital" auf sich aufmerksam machen wollen. Die Idee, dass sich die Leistung wie ein Selbstläufer verkauft, hat jedoch einen Haken: Damit die Leute scheinbar wie von selbst auf die Website gehen, müssen die Anbieter für Bekanntheit sorgen und eine Menge Zeit in die Website investieren. „Der Trick" funktioniert nur, wenn es auf der Website öfters neue Informationen gibt, damit Kunden die Website regelmäßig besuchen und gar weiterempfehlen. Viele Unternehmen arbeiten zu diesem Zweck mit einem monatlichen Newsletter, der aktuelle Informationen zur Branche bietet, den sie auch online auf die Website stellen. So erinnern sie Kunden und Interessenten regelmäßig daran, dass es sie gibt. Es ist auch möglich, einen Weblog in die Homepage zu integrieren. Ein Weblog, auch kurz Blog genannt, ist eine Art „Internettagebuch", das immer populärer auch für die Kommunikation von Unternehmen wird. Ob Newsletter oder Weblog – Anbieter können hier ihre Kompetenz zeigen. Wer zu den „Vielschreibern" gehört und mühelos im Netz unterwegs ist, für den könnte eines dieser beiden Marketinginstrumente möglicherweise interessant sein. Wer wenig Zeit zur Verfügung hat und wem das Texten nicht liegt, für den sind diese Methoden nicht so gut geeignet. Dann gibt es eine Reihe anderer Möglichkeiten, um Kunden auf die Website zu lotsen. Mehr dazu und auch nähere Informationen zum Thema Weblog und Newsletter stehen im dritten Teil des Ratgebers, in dem es um die Akquise geht.

Dritter Teil:
Kleines ABC der Akquise –
wie Sie Kunden gewinnen

Die Akquise zählt nicht gerade zur liebsten Beschäftigung von Freiberuflern. Im Gegenteil. Akquise ist den meisten lästig und sie schieben das Thema vor sich her, so gut es geht. Dabei liegt in der Akquise der Schlüssel für eine erfolgreiche Existenz als Freiberufler. Akquise machen heißt, aktiv etwas zu tun, um Kunden zu gewinnen. Sei es im persönlichen Gespräch, per Brief, per E-Mail oder auch telefonisch. Nur wer genügend Kunden und Aufträge hat, kann als Selbstständiger überleben. Die Gründe, warum viele die Akquise trotzdem vor sich herschieben, sind vielfältig. Die einen haben keine Zeit. Die anderen denken, Akquise sei ein Synonym für „sich selbst verkaufen". Sie fürchten, dazu müssten sie sich verbiegen oder gar anbiedern. Mit der Konsequenz, dass sie dem Thema aus dem Weg gehen und darauf hoffen, dass sich ihre gute Arbeit von alleine herumspricht.

Die gute Nachricht ist, dass die Akquise am meisten bringt, wenn sie authentisch ist. Wenn also die Maßnahmen der Kundengewinnung zur eigenen Person und zur Persönlichkeit passen. Eine eher schüchterne Person wird andere Akquiseinstrumente einsetzen, um Kunden zu gewinnen, als eine kommunikative. Das ist auch gut so. Jeder hat andere Stärken und die gilt es, für die gelungene Akquise zu nutzen. Deshalb gibt es auch nicht den einen Königsweg der Akquise, sondern jeder ist gefragt herauszufinden, wie er am erfolgreichsten Kunden gewinnen kann. Hier drei Beispiele, wie unterschiedliche „Akquisetypen" ihren ersten Kontakt zum Kunden anbahnen können:

- Kommunikativer: Der „Kommunikative" hat keine Angst, auf fremde Menschen zuzugehen. Er geht gerne auf Messen und auf Veranstaltungen, um Kontakte zu knüpfen. Zudem hält er Vorträge zu seinem Fachgebiet und gibt Seminare, um Kompetenz zu zeigen. So haben sich schon viele Kontakte entwickelt, aus denen Aufträge resultierten.

- Networker: Der „Networker" mag es nicht unbedingt, auf Unbekannte zuzugehen. Die sogenannte „Kaltakquise" ist einfach nicht sein Ding. Dafür liebt er es, sich über seine Arbeit auszutauschen und andere Unternehmer kennenzulernen. Er setzt deshalb auf Networking – im Internet wie auch im wahren Leben. Die Rechnung geht auf: Über sein Netzwerk erhält er regelmäßig Aufträge. Auch noch Jahre nach einem netten Abend mit Unternehmern aus anderen Branchen gehen Anfragen über die dort geknüpften Kontakte ein. Ganz zu schweigen von den Kontakten aus der Unizeit, die er hält: So mancher ehemalige Kommilitone hat jetzt eine feste Stelle und denkt an ihn, wenn in seiner Firma ein Übersetzer gebraucht wird.

• Pragmatiker: Der „Pragmatiker" geht das Thema Kundengewinnung mit Effizienz an. Sein Ziel ist es, seinen Kundenstamm gezielt auf- und ausbauen. Er macht regelmäßig ein Mailing an potenzielle Kunden und fasst telefonisch nach. Seine Website ist professionell gemacht und die Webadresse hat er in zahlreiche On- und Offline-Verzeichnisse eingetragen. So wird er gut gefunden. Mittlerweile verfügt er über einen stattlichen Kundenstamm, den er kontinuierlich erweitert.

Viele Dolmetscher und Übersetzer setzen auf verschiedene Akquisemethoden gleichzeitig; sie fahren also mehrgleisig. Das ist auch empfehlenswert, insbesondere in der Anfangsphase der Selbstständigkeit. Denn es gilt: „Mehr Kontakte – mehr Kontrakte." Der größte Fehler, den Sie bei der Akquise machen können, ist: gar keine Akquise zu machen. Nehmen Sie Ihren beruflichen Erfolg lieber in die Hand und steuern Sie auf Ihre Wunschkunden zu.

Werbung – wie Sie die Werbetrommel für sich rühren

Wie heißt es so schön: „Wer nicht wirbt, der stirbt." Der Spruch klingt banal, doch steckt darin eine Menge Wahrheit. Was nützt die beste Arbeit und das tollste Angebot, wenn niemand davon weiß? Heutzutage ist nicht unbedingt derjenige am erfolgreichsten, der die beste Arbeit abliefert. Die beste Auftragslage haben vielmehr jene Dienstleister, die geschickt die Werbetrommel für sich rühren und immer wieder für Bekanntheit sorgen. Werbung dient dazu, über die Existenz eines Produktes oder einer Dienstleistung zu informieren und die Menschen zum Kauf anzuregen. Werbung will in Dialog mit dem Kunden treten. Viele denken beim Stichwort „Werbung" sofort an eine Anzeige, Plakate oder Give-aways. Aber Werbung geht auch anders. Sie können zum Beispiel ein Mailing an potenzielle Kunden machen. Der Vorteil: Einen Werbebrief zu schreiben und zu verschicken kostet nicht die Welt. Sie können damit ganz gezielt jene Unternehmen ansprechen, die optimal zu Ihnen passen. Ein weiterer Vorteil: Der Werbebrief gehört in die Kategorie „Direktmarketing". Ein Werbebrief wirkt schneller und unmittelbarer als die meisten anderen Akquisemethoden.

Praxisbeispiel
Isabelle ist Übersetzerin und Konferenzdolmetscherin für die französische Sprache mit einem Arbeitsschwerpunkt im Bereich Wirtschaft und Wissenschaft. Sie ist seit über 15 Jahren im Geschäft und all die Jahre lief es sehr gut. Sie hatte einige wenige Stammkunden, die sie regelmäßig mit Aufträgen versorgten. Doch in den letzten Jahren brach einer nach dem anderen weg: Ein Unternehmen wurde verkauft. In einem anderen Unternehmen wechselte der Ansprechpartner und der neue Abteilungsleiter brachte seine eigenen Sprachdienstleister mit. Langsam wird es eng. Isabelle hat die besten Referenzen und eine Menge Berufserfahrung, doch weiß sie: Von alleine wird es nichts mit der Neukundengewinnung. Es ist Zeit, etwas zu tun. Sie beschließt, einen Werbebrief zu schreiben. Außerdem erzählt sie allen Kolleginnen und Kollegen, dass sie wieder Kapazitäten hat. Beim nächsten regionalen Stammtisch ihres Berufsverbandes schaut sie vorbei und merkt, dass die anderen Dolmetscher und Übersetzer vor ähnlichen Herausforderungen stehen. Das gibt ihr Mut und motiviert sie, mit der Akquise am Ball zu bleiben.

Werbebriefe

Der Werbebrief ist ein klassisches und wirkungsvolles Instrument der Kunden-gewinnung. Mit einem Werbebrief nehmen Sie Kontakt zu Zielkunden auf und lassen Sie wissen, wer Sie sind und was Sie anbieten. Haben Sie einmal einen Brieftext aufgesetzt, so können Sie ihn immer wieder aus der Schublade holen und verschicken. Insbesondere für Existenzgründer ist der Werbebrief ein probates Mittel, um sich am Markt einzuführen und erste Kunden zu gewinnen. Insbesondere dann, wenn Sie nicht nur einen Brief schicken, sondern auch telefonisch nachfassen. Ein typisches Mailing besteht aus vier Elementen:

1. Die Versandhülle: Der Briefumschlag stellt den ersten Kontakt mit dem Empfänger her. Hier sollten Sie ganz klassisch vorgehen und einen wei-ßen hochwertigen Briefumschlag für Ihren Werbebrief wählen, der zu Ih-rem Briefpapier passt. Was Ihren Werbebrief von anderen unterscheiden sollte ist die Tatsache, dass er nicht schon auf den ersten Blick aussieht wie ein Werbebrief. Wählen Sie deshalb eine schöne Briefmarke für Ihren Brief aus – das fällt in der Flut von Infopost, die ein Unternehmen heutzu-tage erhält, schon positiv auf.

2. Der Brief: Ein Werbebrief ist vergleichbar mit einem Verkaufsgespräch bei einem potenziellen Kunden. Für Freiberufler empfiehlt es sich, im Brief aufzuzeigen, was das Angebot ist, welchen Nutzen der Kunde vom Angebot hat und was seine Leistung von anderen unterscheidet.

3. Der Prospekt: In der Anlage des Werbebriefs befindet sich oft ein Flyer, der die Funktion übernimmt, das Angebot detaillierter darzustellen. Da die Erstellung eines Flyers ins Geld gehen kann, empfiehlt es sich für Freibe-rufler, stattdessen ein ansprechendes Kurzprofil beizufügen. Wie Sie ein erfolgreiches Kurzprofil selbst erstellen, erfahren Sie in diesem Kapitel ab Seite 82.

4. Das Reaktionsmittel: Das Ziel des klassischen Mailings besteht darin, den Empfänger zu einer Reaktion zu veranlassen. Aus diesem Grund wird den meisten Mailings eine Antwortkarte oder ein Antwortfax beigefügt, mit dem ein Kunde zum Beispiel um Rückruf, eine Preisliste oder weiteres In-fomaterial bitten kann. Ein Antwortfax ist allerdings für den Werbebrief von Freiberuflern nicht unbedingt nötig – schließlich geht es hier nicht um Massenware, sondern um ein ganz individuelles Angebot. Bauen Sie stattdessen am Ende Ihres Werbebriefes im Text eine Aufforderung zur Kontaktaufnahme ein. Dann fassen Sie einige Tage nach dem Versand des Briefes telefonisch nach. So vervielfacht sich die Wirkung Ihres Mailings. Tipps zum telefonischen Nachfassen erhalten Sie in diesem Kapitel ab Seite 86.

Die Vorbereitung für Ihren Werbebrief

Bevor Sie sich an das Schreiben des Briefes machen, überlegen Sie sich Antworten auf folgende Fragen. Machen Sie diese Übung am besten schriftlich:

1. Wer ist die Zielgruppe für Ihren Werbebrief?
2. Was ist Ihr Angebot?
3. Welche Vorteile bietet die Zusammenarbeit mit Ihnen?
4. Was ist der größte Vorteil aus Kundensicht?
5. Was bieten Sie möglicherweise, was Mitbewerber nicht leisten?
6. Welches Ziel hat das Mailing: Möchten Sie dem potenziellen Kunden anbieten, ihm ein unverbindliches Angebot zu machen? Wollen Sie einen persönlichen Termin erreichen?

Wenn es Ihnen schwerfällt, auf die ersten vier Fragen eine Antwort zu finden, lesen Sie noch mal im zweiten Teil dieses Ratgebers über die Positionierung ab Seite 21 nach, wie Sie Ihr Angebot und Ihre Stärken definieren können.

Die Gestaltung des Werbebriefs

Für Freiberufler empfiehlt es sich, den ersten Werbebrief an ein Unternehmen wie eine kurze Vorstellung des Angebots und der eigenen Person zu gestalten. Der Werbebrief sollte nicht länger als eine Seite DIN A4 sein. Schreiben Sie ihn auf Ihrem Geschäftspapier mit einer gut lesbaren Schriftart, zum Beispiel Arial 12 Punkt. Wählen Sie den „Flattersatz" und packen Sie nicht zu viel Text auf die Seite. Der Brief sollte immer noch luftig wirken. Als Richtgröße für die Länge einer Zeile seien 60 Zeichen inklusive Leerzeichen genannt. Unterschreiben Sie den Brief mit Ihrem vollen Namen – am besten mit einem Füller. Das macht noch einmal deutlich, dass ein Mensch hinter dem Brief steht und dass es sich um ein individuelles Schreiben handelt. Falls Ihre Unterschrift schwer zu lesen ist, sollte Ihr Name zusätzlich ausgedruckt unter dem Brief stehen.

Der dramaturgische Aufbau des Werbebriefs

Jedes Unternehmen erhält heutzutage täglich eine Vielzahl an Briefen. Damit Ihr Brief in der Masse nicht untergeht ist es wichtig, dass Sie in Ihrem Schreiben schnell zur Sache kommen. Es sollte auf einen Blick erkennbar sein, welcher Art das Angebot ist.

- Betreff: Der Betreff hat die Funktion, neugierig zu machen und ist ein Türöffner. Finden Sie eine prägnante Formulierung für die Betreffzeile. Auf einen Blick sollte erkennbar sein, worum es geht. Benennen Sie zum Beispiel einen Nutzen oder ein dringendes Problem des Empfängers. Oder treffen Sie eine konkrete Aussage zu Ihrem Angebot. Zum Beispiel: „Professionelle Übersetzungen ins Spanische". Was sie vermeiden sollten, sind Allgemeinplätze. Schreiben Sie als Einzelkämpfer zum Beispiel nicht „Sprachdienstleistungen aus einer Hand" – es sei denn, Sie arbeiten im Netzwerk und schreiben den Brief mit dem Ziel, Übersetzungen gleich in mehrere Sprachen anzubieten.

- Einstieg: Dem Betreff sollte ein interessanter Einstieg in den Brief folgen. Schreiben Sie im Werbebrief nichts über die Globalisierung oder das Auslandsgeschäft im Allgemeinen, so wie man es oft in Broschüren liest. Ein guter Trick ist es, den ersten Satz in Form einer rhetorischen Frage zu formulieren. Sprechen Sie zum Beispiel ein Kundenproblem an: „Sie suchen einen zuverlässigen technischen Übersetzer für die englische Sprache?" Oder sprechen Sie den Empfänger als Experten an. Zum Beispiel: „Als technischer Redakteur wissen Sie, wie wichtig die Qualität einer Übersetzung ist." Wenn Sie den Empfänger des Briefes auf einer Veranstaltung oder Messe kennengelernt haben, ist dieser persönliche Aufhänger der gelungene Einstieg in Ihren Werbebrief. Nach einem ansprechenden Einstieg schreiben Sie kurz und ansprechend, was Sie anbieten.

- Mittelteil: Gehen Sie im Mittelteil des Briefes näher auf Ihre Leistungen ein und werden Sie konkret: Was ist das Besondere, das Sie bieten? Welche Problemlösung oder welchen Nutzen bringt Ihre Arbeit dem Kunden? Was spricht für die Zusammenarbeit mit Ihnen? Denken Sie hier daran, dass der Empfänger wenig Zeit zum Lesen hat und fassen Sie sich kurz. Was Sie hier an Informationen nicht unterbringen können, das lässt sich vielleicht in der Anlage zum Werbebrief – zum Beispiel im Kurzprofil – ausführen.

- Ende: In einem guten Werbebrief steht am Ende immer eine Aufforderung zur Kontaktaufnahme. Machen Sie es Ihrem Leser einfach: Was soll der Kunde nach dem Lesen des Briefes tun? Wollen Sie ihn dazu auffordern, Sie anzurufen? Bieten Sie an, ein kostenloses Angebot für eine Übersetzung zu erstellen?

- Abschlussformulierung: Der Klassiker am Ende eines Briefes ist die Formulierung „Mit freundlichen Grüßen". Damit kann man nichts falsch machen, es geht aber auch ein wenig interessanter. Ihrem Werbebrief könnten Sie durch eine individuellere Formulierung eine persönlichere Note geben. Schreiben Sie zum Beispiel „Mit freundlichen Grüßen aus Berlin" oder „Mit herzlichen Grüßen nach München". Wenn Sie in der Nähe einer Landesgrenze wohnen, kann der damit transportierte Hinweis noch einmal von Vorteil für Sie sein. Diese individuellere Form der Abschlussformulierung muss natürlich auch zur Branche passen. Für alle Branchen, die als eher konservativ gelten, verwenden Sie lieber die klassische Abschlussformulierung.

- PS: Es ist erwiesen, dass das Postskriptum – zusammen mit der Betreffzeile – zu den Elementen eines Briefes zählt, die der Empfänger zuerst liest. Optimalerweise steht im PS ein Zusatznutzen für den Kunden. Wenn Sie zum Beispiel über Ihr Netzwerk auch Übersetzungen für weitere Sprachen anbieten, so könnte ein Hinweis darauf Ihr Postskriptum sein. Denkbar wäre auch, hier eine weitere Leistung aus Ihrem Portfolio anzuführen. Wenn Ihnen kein PS einfällt, dann sei gesagt, dass es auch ohne geht. Für Ihren Brief ist es kein Muss.

Selbstverständlich können Sie Ihren Werbebrief auch individueller gestalten, insbesondere dann, wenn Sie bereits Kontakt mit dem Empfänger hatten und wissen, was ihn besonders interessiert. Folgen Sie beim Werbebrief auch Ihrer Intuition: Was ist für den Empfänger besonders interessant?

Tipps für das Texten des Werbebriefs

Denken Sie beim Schreiben an Ihre Zielgruppe und daran, was für den Empfänger von Interesse ist. Schreiben Sie einen höflichen und gleichzeitig „lockeren" Brief:

- Vermeiden Sie „Beamtendeutsch".
- Schreiben Sie aktiv: Vermeiden Sie Formulierungen mit „werden".
- Bilden Sie kurze und einfache Sätze (maximal 18 Wörter pro Satz).
- Vermeiden Sie Superlative und Eigenlob.
- Sagen Sie selten „Ich" oder „Wir".

Wie Sie an Adressen kommen

Gute Adressen spielen für den Erfolg eines Mailings eine entscheidende Rolle. Der Grund: Ein mittelmäßiger Brief beim richtigen Empfänger kann trotz allem immer noch Interesse wecken, insbesondere dann, wenn ein Unternehmen aktuell Bedarf an Übersetzungs- oder Dolmetschleistungen hat. Ein toller Brief beim falschen Empfänger landet dagegen mit aller Wahrscheinlichkeit im Papierkorb. Gehen Sie nicht davon aus, dass Ihr Brief hausintern weitergeleitet wird. Investieren Sie lieber in gute Adressen.

Geschäftsadressen für Ihr Mailing können Sie zwar kaufen, doch für ein kleines Mailing lohnt das in der Regel nicht. Noch zumal die Qualität der gekauften Adressen nicht immer optimal ist. Recherchieren Sie die Adressen deshalb am besten selbst.

1. Schritt: Überlegen Sie, wen Sie mit dem Werbebrief ansprechen wollen:
- Welchen potenziellen Kunden möchten Sie den Brief schicken?
- Aus welcher Branche?
- In welcher Region?
- Wer ist der Ansprechpartner im Unternehmen für Ihr Angebot?

2. Schritt: Recherchieren Sie die Namen und Adressen der in Frage kommenden Unternehmen. Hilfreich sind dazu:
- Branchenverzeichnisse
- Gelbe Seiten
- Fachzeitschriften (Artikel, Anzeigen, Stellenangebote)
- Ausstellerkataloge von Fachmessen
- Webseiten von Berufs- und Branchenverbänden

Je spezialisierter Ihr Angebot ist, desto einfacher wird es für Sie sein, nach den passenden Unternehmen für Ihr Mailing zu recherchieren. Ihre Adressliste wird dann vielleicht nicht so lang sein, dafür steigt jedoch die Chance, dass Ihr Werbebrief Interesse weckt. Für das Versenden des Werbebriefes benötigen Sie die komplette Adresse des Unternehmens, den Namen des Ansprechpartners mit Vor- und Zunamen, die Position, die Abteilung und die Telefondurchwahl. Es ist möglich, dass Sie zunächst nur die Firmenadresse in den Verzeichnissen finden. Durch einen Anruf in der Telefonzentrale können Sie dann in Erfahrung bringen, wer der richtige Ansprechpartner im Unternehmen für Ihr Anliegen ist. Am besten legen Sie für Ihre Adressen eine Datei auf dem Rechner an. Dann können Sie immer wieder bequem auf diese Informationen zugreifen und – wenn Sie im Unternehmen anrufen – die Informationen aktualisieren.

> **Tipp**
> Überlegen Sie bei der Zusammenstellung der Adressen für Ihren Werbebrief auch, ob Sie vielleicht schon über interessante Kontakte verfügen. Vielleicht haben Sie durch eine frühere Berufstätigkeit, ein Praktikum oder auch über Bekannte bereits einen Kontakt ins Unternehmen?

Der richtige Zeitpunkt für den Versand

Untersuchungen zufolge sind jene Briefe besonders erfolgreich, die der Empfänger am Dienstag, Mittwoch oder Donnerstag erhält. Briefe, die vor oder nach Feiertagen ankommen, werden kaum wahrgenommen. Das Gleiche gilt insbesondere auch für Brückentage vor oder nach Feiertagen. Es ist außerdem nicht günstig, einen Werbebrief kurz vor oder nach einer wichtigen Messe für die Branche zu schicken. Die Wahrscheinlichkeit, dass der Ansprechpartner zu diesem Zeitpunkt keinen freien Kopf für Ihr Anliegen hat, ist groß. Warten Sie aus diesem Grund lieber bis eine Woche nach der Messe, bevor Sie Ihren Brief schicken.

Rechtliche Aspekte

Im Zusammenhang mit Werbebriefen, E-Mails und Telefonaten kursieren eine Menge Gerüchte darüber, was erlaubt ist und was nicht. Nicht ohne Grund: In den letzten Jahren gab es diesbezüglich einige Gesetzesänderungen. Die meisten Änderungen betreffen jedoch die Kontaktaufnahme mit Privatpersonen. Hier ein kurzer Überblick, wie es sich bei der Kontaktaufnahme zu Unternehmen verhält:

- Werbebriefe: Werbebriefe an Geschäftsleute sind erlaubt. Voraussetzung dafür ist, dass die Werbung deren Geschäft betrifft und der Brief an die Geschäftsadresse geht.

- Werbeanrufe: Bei Geschäftsleuten, Organisationen oder auch Vereinen genügt eine zumindest „mutmaßliche" Einwilligung. Das heißt, für den Anrufer muss sich aufgrund konkreter Tatsachen die Schlussfolgerung ziehen lassen, der Angerufene sei mit dem Telefonanruf zu Werbezwecken einverstanden. Auf der sicheren Seite sind Sie, wenn Sie vorher einen Werbebrief schreiben und dann telefonisch nachfassen.

- E-Mail-Werbung: Seit Dezember 2008 verbietet das Gesetz gegen den unlauteren Wettbewerb E-Mail-Werbung ohne ausdrückliche Einwilligung des Empfängers. Diese Regelung gilt auch für gewerbliche Empfänger. Es ist also nicht gestattet, den Werbebrief einfach per E-Mail zu schicken, auch wenn die E-Mail-Adresse im Internet steht. Sie brauchen dazu eine ausdrückliche Einwilligung des Empfängers. Dies müssen Sie im Zweifelsfall belegen können. Gestalten Sie aus diesem Grund den ersten Kontakt zu einem Unternehmen in Form eines Werbebriefes und nicht per E-Mail.

Praxisbeispiel
Peter ist Diplom-Ingenieur für Elektrotechnik und staatlich geprüfter Übersetzer für die englische Sprache. Er hat schon während seines Studiums durch Praktika verschiedene Unternehmen von innen kennengelernt. Dort hat er gesehen und erfahren, wie die Branche tickt. Dieses Wissen hat sich für die Selbstständigkeit als sehr wertvoll erwiesen. Als er sich als Übersetzer selbstständig macht, schreibt Peter gut 60 Werbebriefe an Unternehmen aus eben jener Branche, in der er sich gut auskennt. Daraus erwachsen drei Aufträge mit namhaften Unternehmen, die den Grundstock für seine Selbstständigkeit bilden. Mittlerweile ist Peter gut im Geschäft. Er hat vor allen Dingen durch die Mund-zu-Mund-Propaganda und gelegentliche Werbebriefe einen Kundenstamm aufgebaut, der ihn voll auslastet. Er selbst ist sich sicher: Was beim Aufbau seines Kundenstammes geholfen hat, ist die Tatsache, dass er hoch spezialisiert ist und ein Experte auf seinem Gebiet. So stößt er bei potenziellen Kunden auf Interesse, wenn er einen Werbebrief schreibt oder anruft.

Kurzprofil

Dem Werbebrief sollten Sie in der Anlage eine vertiefende Information über Ihre Leistungen beifügen. Wenn Sie einen Flyer haben, können Sie ihn für Ihr Mailing nutzen. Sonst erstellen Sie ein Kurzprofil als Anlage für Ihren Werbebrief: Das Kurzprofil ist ein praktisches Instrument der „Eigenwerbung". Dabei handelt es sich um eine kurze und ansprechend geschriebene Darstellung Ihrer Leistungen und Ihrer Person auf einer Seite DIN A4. Im Gegensatz zum Lebenslauf, für den eine möglichst lückenlose Abbildung des beruflichen Werdegangs gefragt ist, konzentriert sich das Kurzprofil auf die wesentlichen Stationen des Berufslebens. Die Einsatzmöglichkeiten eines Kurzprofils sind vielfältig. Sie können es nicht nur einem Werbebrief beifügen. Sie können das Kurzprofil auch als pdf-Dokument per E-Mail verschicken, zum Beispiel, wenn Sie auf einer Veranstaltung einen persönlichen Kontakt geknüpft haben und nun Ihre Kontaktdaten schicken.

Aufbau und Inhalt

Für das Kurzprofil gibt es keine festen Regeln für die inhaltliche Gestaltung. Wichtig ist, dass Sie Ihre Leistungen und Ihren beruflichen Werdegang kurz und prägnant zu Papier bringen. Nehmen Sie nur jene Informationen auf, die für den jetzigen Beruf relevant sind. Weit verbreitet ist es, das Kurzprofil mit der Vorstellung der Person und des beruflichen Werdegangs in Form eines kurzen Fließtextes zu beginnen. Gehen Sie dabei sparsam mit Jahreszahlen um – es sollte sich keinesfalls so lesen wie ein ausgeschriebener Lebenslauf. Danach könnten Informationen zu den Leistungen folgen. Auch Fortbildungen, Ihre technische Ausstattung und die Mitgliedschaft in einem Berufsverband können Sie in das Kurzprofil aufnehmen. In das Kurzprofil gehören typischerweise:

* Infos zur Person

* beruflicher Werdegang

* Leistungen in Kürze

* Arbeitsschwerpunkte

* Alleinstellungsmerkmale

* technische Ausstattung

* Mitgliedschaft im Berufsverband

* Fortbildungen

* Referenzen

* Kontaktdaten

Damit sich die Informationen leichter lesen lassen, ist es sinnvoll, den Text gut zu strukturieren und mit Zwischenüberschriften zu arbeiten. Wenn Sie viele Inhalte transportieren wollen, könnten Sie mit einem Fließtext, ergänzt durch Aufzählungen arbeiten. Beginnen Sie Ihr Kurzprofil zum Beispiel mit einem kurzen Text zu Ihrer Person und Ihrem Werdegang. Im Anschluss daran führen Sie weitere Informationen zu Ihren Leistungen oder Referenzen in Form von Aufzählungen auf, jeweils hervorgehoben durch die entsprechenden Zwischen-überschriften.

Weitere Tipps zur inhaltlichen Gestaltung:

- Slogan: Manche Freiberufler arbeiten beim Kurzprofil auch mit einem Slogan, einem Motto oder einem Zitat. Es ist kein Muss, gibt Ihrem Profil aber eine persönliche Note.

- Referenzen: Nicht unterschätzen sollte man die überzeugende Wirkung von Referenzen auf potenzielle Kunden. Sie geben Vertrauen und untermauern, dass Sie Praxiserfahrung in einer Branche haben. Nehmen Sie deshalb auch einige Referenzen in Ihr Kurzprofil mit auf. Es ist zwar möglich, Referenzen anonymisiert anzugeben („Ein Unternehmen aus dem Bereich Maschinenbau"), doch besser wirken „echte" Unternehmensnamen. Dazu sollten Sie den Kunden vorher um Erlaubnis fragen.

- Kundenstatements: Zufriedene Kunden sind die beste Werbung. Möglicherweise ist Ihr Ansprechpartner im Unternehmen auch bereit, sich über die Zusammenarbeit mit Ihnen in Form eines Statements zu äußern? Einige Kundenstatements – es reichen drei – würden sich im Kurzprofil ebenfalls gut machen.

Tipp
Sammeln Sie als Selbstständiger kontinuierlich Referenzen und Statements, wenn die Zusammenarbeit nett ist und alles gut läuft. Beides ist für die Kundengewinnung sehr hilfreich. (Worauf beim Thema Referenzen und Kundenstatements zu achten ist, können Sie im zweiten Teil dieses Ratgebers zum Thema „Website" auf Seite 61 nachlesen.)

Wie sieht ein Kurzprofil aus?

Bezüglich der optischen Gestaltung des Kurzprofils haben Sie freie Hand. Wichtig ist, dass sich das Kurzprofil gut liest und ansprechend gestaltet ist. Das typische Kurzprofil passt auf eine DIN-A4-Seite und steht auf Ihrem Briefpapier. Es sollte durch ein gelungenes Businessfoto von Ihnen „ein Gesicht bekommen". Platzieren Sie dazu ein digitales Foto über dem Text – entweder mittig oder am rechten Rand.

Wenn Sie das Kurzprofil zusammen mit dem Werbebrief versenden, wählen Sie für das Kurzprofil am besten die gleiche Schriftart und Schriftgröße wie für den Brief, zum Beispiel Arial 12 Punkt. Drucken Sie das Kurzprofil mitsamt Foto auf einem guten Laserdrucker in Schwarz-Weiß aus. Wenn der Ausdruck mit dem Laserdrucker Sie nicht überzeugt oder Sie nur einen Tintenstrahldrucker haben, dann könnten Sie das Kurzprofil in einem Copyshop ausdrucken lassen. Wer es ganz professionell machen möchte, der beauftragt einen Grafiker mit der Gestaltung des Kurzprofils.

Tipp
Ihr Kurzprofil wirkt zu voll? Wenn Sie besonders viel Inhalt unterbringen wollen, so lohnt es sich, mit der Gestaltung ein wenig zu experimentieren. Probieren Sie einmal aus, wie der Text wirkt, wenn Sie ihn wie einen Zeitungsartikel in zwei Spalten aufteilen. Im Zweifelsfall gilt jedoch: Weniger ist mehr. Verzichten Sie auf Details oder Erfahrungen, die schon lange zurückliegen. Nehmen Sie wirklich nur jene Informationen auf, die für den Kunden von Interesse sind.

Kontaktaufnahme mit Übersetzungsunternehmen

Wenn Sie sich bei Übersetzungsunternehmen als freier Mitarbeiter bewerben möchten, dann ist ein Werbebrief meist nicht das Mittel der Wahl. Schauen Sie auf der Website des Unternehmens nach, in welcher Form eine Bewerbung gewünscht ist. Die meisten Agenturen haben dazu einen Menüpunkt „Bewerbungen" oder „Jobs" auf ihrer Website eingerichtet. Dort erfahren Sie, welche Informationen gefordert sind: Manche arbeiten mit einem Fragebogen oder auch einem Formular im Internet. Schicken Sie alle angefragten Unterlagen und nennen Sie Ihre Preisvorstellungen, wenn dies verlangt ist. Im Gegensatz zum Werbebrief, wo Sie ein Kurzprofil mitschicken sollten, wollen Übersetzungsunternehmen in der Regel einen Lebenslauf. Gestalten Sie den Lebenslauf „amerikanisch": Die wichtigsten Fakten – also die aktuellen und jüngsten Berufserfahrungen – stehen am Anfang. Je länger bestimmte Erfahrungen zurückliegen, desto weiter unten sind sie im Lebenslauf aufgeführt. Geben Sie Ihrem Lebenslauf eine Struktur, die es leicht macht, ihn zu lesen und Ihre Stärken sofort zu erkennen. Wie auch beim Kurzprofil ist ein professionelles Businessfoto ein Pluspunkt für Ihre Bewerbung als freier Mitarbeiter.

Telefonische Akquise

Das Telefonieren mit potenziellen Kunden ist für die meisten Selbstständigen eine besonders große Herausforderung. Viele befürchten, mit der Anfrage auf Ablehnung zu stoßen und einen Korb zu bekommen. Oder sie haben die Sorge, dem potenziellen Kunden lästig zu erscheinen. Deshalb gehen sie dem Telefon lieber aus dem Weg. Das ist verständlich und doch ist es schade, denn die telefonische Akquise gilt als eine der wirkungsvollsten Methoden der Kundengewinnung. Es kostet nur etwas Überwindung, einen fremden Menschen anzurufen. Damit Ihnen die erste Kontaktaufnahme nicht so schwer fällt, können Sie sich den Weg selbst vorbereiten. Schicken Sie zunächst einen Werbebrief mitsamt Kurzprofil an Ihren Wunschkunden. Kündigen Sie in Ihrem Brief den Anruf an. Fassen Sie dann innerhalb einer Woche telefonisch nach. Einen Aufhänger für Ihren Anruf haben Sie dann schon: Ihren Werbebrief. Durch das telefonische Nachfassen erhöhen Sie den Erfolg des Mailings.

Wenn Sie zu jenen Menschen gehören, die keine Angst vor dem Telefonieren haben, könnten Sie natürlich auch direkt beim Unternehmen anrufen und sich vorstellen. Im Anschluss an Ihren Anruf schicken Sie dann einen Werbebrief, der sich auf das Telefonat bezieht und vertiefende Informationen über Ihre Leistungen bietet. Anschließend fassen Sie nochmals telefonisch nach. Dieses mehrstufige Vorgehen mit der Abfolge „Anruf-Brief-Anruf" gilt sogar als besonders erfolgreich. Haben Sie bereits mit einem potenziellen Kunden gesprochen, dann wird er Ihren Brief mit noch mehr Interesse lesen. Vor allen Dingen dann, wenn der Kontakt am Telefon nett und angenehm war.

Die Vorbereitung auf das Telefonat

Das A und O für erfolgreiche Telefonate ist eine gute Vorbereitung. Überlegen Sie sich im Vorfeld, wie Sie sich melden werden und mit welchem Satz Sie das Gespräch eröffnen wollen. Halten Sie sich dabei vor Augen, dass es nicht um raffinierte Telefontechniken geht. Sie müssen auch nichts auswendig lernen und niemanden überrumpeln. Vielmehr geht es darum, dass Sie Sie selbst sind – und dass der Kunde Sie sympathisch findet. Es geht also darum, eine Verbindung von Mensch zu Mensch aufzubauen. Das erreichen Sie am besten, indem Sie dem Kunden Ihr aufrichtiges Interesse am Unternehmen und seiner Arbeit signalisieren und ihm einen Nutzen durch Ihre Leistung bieten. Den Nutzen sollte der Kunden erkennen können. Und so bereiten Sie das Telefonat vor:

Gute Adressen

Für Ihren Werbebrief haben Sie die Adressen bereits recherchiert. Die Kontaktdaten liegen Ihnen damit schon vor. Es sollten Unternehmen aus einer Branche sein, in der Sie sich auskennen und Berufserfahrung haben. Das macht die Akquise einfacher. Optimalerweise passt Ihr Profil hundertprozentig zu den kontaktierten Unternehmen. Es fällt Ihnen dann leicht, den Nutzen einer Zusammenarbeit aufzuzeigen.

Hintergrundrecherchen

Schauen Sie im Internet nach, ob Sie womöglich ein Foto und Infos zum Ansprechpartner auf der Website des Unternehmens finden. Das erleichtert die erste Kontaktaufnahme. Vielleicht finden Sie auf der Website auch Hinweise auf aktuelle Projekte des Unternehmens? Möglicherweise finden Sie dort interessante Ansatzpunkte für Ihr Telefonat.

Ziel des Telefonats

Überlegen Sie im Vorfeld des Telefonats, was Sie mit dem Anruf erreichen wollen. Möchten Sie einen Termin beim Kunden vereinbaren? Wollen Sie ein Angebot für eine Übersetzung abgeben? Möchten Sie anbieten, eine Probeübersetzung zu erstellen, um von der Qualität Ihrer Arbeit zu überzeugen? Auch wenn kostenlose Probeübersetzungen bei vielen Übersetzern zu Recht nicht beliebt sind, kann eine kurze und exzellente Probeübersetzung als Eintritt in eine Geschäftsbeziehung mit einem Wunschkunden möglicherweise lohnenswert sein. Rufen Sie also nicht nur an, um sich vorzustellen: Machen Sie dem Wunschkunden ein konkretes Angebot, um in den Dialog zu treten.

Telefonleitfaden

Vertriebsexperten arbeiten mit einem Telefonleitfaden. Es handelt sich dabei um eine Art Skript für das Gespräch mit potenziellen Kunden. Darin halten sie die eigenen Sätze sowie mögliche Antworten oder Einwände von Kunden schriftlich fest. Diese Technik kann auch für jene Freiberufler nützlich sein, die nur gelegentlich telefonische Akquise betreiben. Überlegen Sie im Vorfeld, wie Sie das Gespräch eröffnen wollen und welchen Verlauf die Unterhaltung nehmen kann.

Schreiben Sie mögliche Fragen und Antworten auf. Diese Vorbereitung hilft Ihnen, sich auf das Gespräch einzustimmen und gibt Ihnen Sicherheit. Hier die Bestandteile eines Telefonleitfadens, die als Anregung dienen können:

- Die Anrede und Begrüßung.

- Ein konkreter Aufhänger für das Gespräch, zum Beispiel der Werbebrief.

- Die höfliche Frage, ob Ihr Gegenüber einen Moment Zeit für Sie hat. (Wenn nicht, dann vereinbaren Sie einen neuen Telefontermin.)

- Eine kurze Vorstellung Ihrer Person mit Argumenten, die für die Zusammenarbeit mit Ihnen sprechen (Stärken, Alleinstellungsmerkmale, …).

- Argumente auf mögliche Einwände des Kunden.

- Fragen an den Kunden zum möglichen Bedarf, damit Sie zum Beispiel ein konkretes Angebot erstellen können.

- Zusammenfassung des Gesprächs.

- Benennung des nächsten Schrittes.

- Ein positiver Gesprächsausstieg.

Sprechen Sie auf jeden Fall frei, wenn Sie telefonieren. Lesen Sie nichts ab. Wichtig ist, dass Sie sich beim Telefonieren individuell auf Ihren Gesprächspartner einstellen und ein echtes Gespräch führen.

Tipps für die Telefonakquise

Die richtige innere Haltung kann Ihnen dabei helfen, erfolgreich am Telefon zu akquirieren.

- Gehen Sie möglichst locker in das Gespräch. Setzen Sie sich nicht unter Druck.

- Führen Sie das Telefonat auf gleicher Augenhöhe: Sie sind Unternehmer und haben etwas zu bieten.

- Stellen Sie durchaus auch Fragen und machen Sie zwischendurch einmal eine Gesprächspause. Das wirkt souverän.

- Sie haben die Sorge, dass Ihre Stimme langweilig oder monoton klingt? Telefonieren Sie im Stehen. Dann klingt die Stimme gleich lebendiger. Wenn es Ihnen sogar gelingt, am Telefon zu lächeln – umso besser.

- Nehmen Sie sich nicht zu viel vor für einen Tag: Es gibt Menschen, die können fünf oder mehr Anrufe hintereinander weg tätigen. Andere schaffen maximal drei.

Auf die optimale Stimmung für einen Anruf zu warten, wäre sicher nicht so klug. Aber wenn Sie gerade eine schlechte Nachricht erhalten haben, sollten Sie lieber nicht telefonieren. Versuchen Sie vielmehr, sich wieder in eine gute Stimmung zu bringen: Gehen Sie eine Runde spazieren oder hören Sie beispielsweise Musik, die Ihre Laune hebt.

Telefonieren in der Praxis

Wenn Sie keine Erfahrung im Bereich der Telefonakquise haben, machen Sie Ihre ersten Telefonate am besten bei Unternehmen, die Ihnen nicht ganz so wichtig sind. Sehen Sie diese Anrufe als Übungsfeld. So sammeln Sie wertvolle Erfahrung mit der Gesprächseröffnung und auch mit den möglichen Fragen, die Ihnen gestellt werden. Wenn Sie sich sicherer fühlen, rufen Sie bei Ihren Wunschkunden an.

Der Gesprächseinstieg

Der gelungene Einstieg in das Gespräch öffnet Türen und entscheidet darüber, ob man Sie anhört oder abweist. Um die richtigen Worte zu finden, versetzen Sie sich gedanklich in Ihr Gegenüber: Die Person am anderen Ende der Leitung rechnet nicht mit Ihrem Anruf und ist möglicherweise gerade mit einem ganz anderen Thema beschäftigt. Nehmen Sie sich deshalb Zeit für eine ausführliche Begrüßung. Nennen Sie dazu Ihren kompletten Namen, möglicherweise Ihren Firmennamen und ruhig auch Ihren Beruf. Sprechen Sie langsam und deutlich. Gehen Sie erst dann zu Ihrem Anliegen über. Damit geben Sie der Person am anderen Ende der Leitung die Möglichkeit, sich auf Ihren Anruf einzustellen. Hier ein Beispiel:

„Guten Tag, meine Name ist Karin Mustermann. Ich bin Fachübersetzerin für die englische Sprache. Ich würde gerne mit Herrn Müller sprechen."

Wenn Sie Ihren Ansprechpartner noch nicht kennen, dann müssen Sie sich zu ihm durchfragen. Zum Beispiel so:

„Guten Morgen. Ich heiße Tom Mustermann und bin technischer Fachübersetzer aus München. Wer ist bitte bei Ihnen im Hause für das Thema Übersetzungen zuständig?"

Haben Sie bereits einen Werbebrief geschickt und sprechen jetzt mit dem richtigen Ansprechpartner, so stellen Sie sich zunächst wie oben skizziert ausführlich vor. Dann nehmen Sie Bezug auf Ihren Brief. Fragen Sie dazu besser nicht, ob der Brief angekommen ist, sonst landet das Gespräch womöglich in einer Sackgasse. Stellen Sie lieber eine offene Frage, auf die Ihr Gegenüber nicht mit „Ja" oder „Nein" antworten kann. Zum Beispiel:

„Guten Tag Herr Müller. Hier ist Karin Mustermann, Übersetzerin für die englische Sprache aus Berlin. Ich habe Ihnen letzte Woche einen Brief mit meinem Profil geschickt. Hat Ihr Unternehmen denn gelegentlich Bedarf an Fachübersetzungen?"

Oft ist mit einem solchen offenen Gesprächseinstieg der Anfang gemacht und das Gespräch entwickelt sich wie von alleine. Seien Sie darauf vorbereitet, dass Ihr Ansprechpartner Ihren Brief nicht erhalten oder gelesen hat. Bereiten Sie eine kurze Selbstvorstellung in wenigen Sätzen vor. (Tipps für eine gelungene Selbstvorstellung finden Sie im nächsten Teil dieses Ratgebers im Abschnitt zum Thema „Elevator Pitch" ab Seite 132.)

Der Gesprächsausstieg

Am Ende eines Telefonats können Sie noch einmal Punkte sammeln und dafür sorgen, dass Sie positiv in Erinnerung bleiben: Bedanken Sie sich bei Ihrem Gesprächspartner für seine Zeit und das informative Gespräch. Dann fassen Sie die Ergebnisse des Gesprächs zusammen. Es geht jetzt darum zu vereinbaren, wie es weitergeht und wer mit dem nächsten Kontakt „am Zug ist". Sollen Sie weitere Unterlagen schicken? Haben Sie vereinbart, in einem Monat wieder anzurufen? Positiv wirkt es, wenn Sie den Gesprächspartner beim Abschied nochmals mit dem Namen ansprechen. Zum Beispiel: „Auf Wiederhören, Herr Kaufmann."

Nach dem Gespräch sollten Sie zeitnah das Versprochene liefern, also zum Beispiel das Angebot oder weitere Informationen schicken. Wenn Sie vereinbart haben, dass Sie sich in einem Monat melden, notieren Sie den Termin im Kalender und rufen zum vereinbarten Zeitpunkt an.

Umgang mit einem „Nein"

Wenn Sie gut vorbereitet und locker in die Telefonate gehen, dann werden Sie auch Erfolg damit haben. Trotzdem kann nicht jeder Anruf „ein Treffer" sein. Das wäre nicht realistisch. Vielleicht ist Ihr Ansprechpartner verreist oder hat gerade keine Zeit. Oder Ihr Gegenüber meint, dass er keinen Bedarf hat. Das ist kein Grund, die Flinte ins Korn zu werfen. So können Sie reagieren:

- Gibt Ihr Ansprechpartner an, keine Zeit zu haben, dann könnten Sie fragen, wann es besser passt mit einem Anruf. In einer Woche? Lieber am Nachmittag als am Vormittag? Vereinbaren Sie einen Gesprächstermin zu einem anderen Zeitpunkt und rufen dann nochmals an.

- Signalisiert Ihr Gegenüber, dass kein Bedarf besteht? Vielleicht weil das Übersetzerteam gerade frisch zusammengestellt wurde? Dann fragen Sie, ob Sie in einem halben Jahr noch einmal anrufen dürfen. Halten Sie sich vor Augen: Freie Mitarbeiter werden immer wieder gebraucht. Wenn nicht jetzt, dann vielleicht später. Wenn Ihr Ansprechpartner zustimmt, melden Sie sich in sechs Monaten noch einmal.

- Haben Sie den Eindruck, jemand ist am Telefon ungehalten, dann nehmen Sie es nicht persönlich. Es geht nicht gegen Sie, sondern da ist jemand, der einfach keine Zeit und keinen Bedarf hat. Akzeptieren Sie ein „Nein". Bedanken Sie sich trotzdem höflich für die Zeit, die sich der Gesprächspartner für Sie genommen hat.

Wenn Sie auch nach mehreren Anrufen nur Absagen erhalten, überlegen Sie, woran es liegen kann. Kamen Sie an der Sekretärin nicht vorbei? War vielleicht die Gesprächseröffnung nicht optimal? Analysieren Sie die möglichen Problemfelder und versuchen Sie, es beim nächsten Mal besser zu machen. Niemand ist von Anfang an perfekt. Nicht ohne Grund heißt es: „Übung macht den Meister".

Der optimale Zeitpunkt

Es lässt sich nicht pauschal sagen, an welchem Tag und zu welcher Uhrzeit der beste Zeitpunkt für einen Anruf ist. Das kann von Branche zu Branche sowie von Ansprechpartner zu Ansprechpartner unterschiedlich sein. Wenn es um den besten Wochentag geht, so eignen sich die Tage um die Mitte der Woche – also Dienstag, Mittwoch und Donnerstag – besser als ein Montag oder ein Freitag. Hinsichtlich der optimalen Uhrzeit hängt es davon ab, wie Ihr Gesprächspartner im Unternehmen eingebunden ist. Manche Entscheider erreichen Sie am ehesten ganz früh morgens oder am frühen Abend. Mit etwas Glück erreichen Sie Ihren Ansprechpartner vielleicht auch um die Mittagszeit. Zum Beispiel am frühen Nachmittag zwischen 14 und 15 Uhr. Dann sind viele schon zurück aus der Mittagspause, es stehen aber noch keine Termine an. Wenn Sie bei Ihrem Anruf nur die Sekretärin oder einen Kollegen des Ansprechpartners erreichen, dann fragen Sie, wann die gewünschte Person am besten anzutreffen ist. Notieren Sie die Antwort in Ihrer Telefonliste und bleiben Sie am Ball.

> **Tipp**
> Sekretärinnen beziehungsweise Assistentinnen sind oft die „Gatekeeper" zum Ansprechpartner. Fragen Sie deshalb nicht nur nach dem Chef, wenn sich die Sekretärin am Telefon meldet. Begrüßen Sie die Sekretärin freundlich, stellen Sie sich ausführlich vor und schildern dann ganz kurz Ihr Anliegen. So sammeln Sie Pluspunkte. Wenn Sie Glück haben, dann bereitet Ihnen die Sekretärin den Weg zu Ihrem Ansprechpartner, indem sie positiv auf Ihren Anruf hinweist und erwähnt, dass Sie sich am nächsten Tag wieder melden werden.

Anzeigen

Viele denken beim Thema Werbung an Anzeigen. Kein Wunder, denn als Verbraucher kennen wir Anzeigen zur Genüge. Ob wir Zeitung lesen, fernsehen oder im Internet unterwegs sind – Anzeigen gibt es überall. Ob sich für Dolmetscher und Übersetzer eine Anzeige lohnt, das lässt sich nicht pauschal beantworten. Es kommt darauf an, welche Zielgruppe Sie haben. Und welches Budget Sie bereit sind, in Anzeigen zu investieren. Denn eins lässt sich mit Sicherheit sagen: Zumindest Printanzeigen gibt es nicht gratis. Folgende Aufstellung beleuchtet die Vor- und Nachteile von Printanzeigen in Kürze:

Vorteile	Nachteile
Der Vorteil an Anzeigen ist, dass Sie ganz genau bestimmen können, was in der Anzeige steht, in welchem Medium die Anzeige erscheint und wann die Anzeige publiziert wird. Das macht die Werbung planbar und messbar.	Der große Nachteil an Anzeigen ist der hohe Preis. Außerdem ist die „Streuung" oft groß, das heißt, die Anzeige sehen viele Menschen, die gar nicht zur Zielgruppe gehören. Damit verringert sich der Effekt der Anzeige.
Empfehlung	*Empfehlung*
Rechnen Sie genau aus, was die Anzeige kostet. Und berechnen Sie, wie viel Neugeschäft die Anzeigen Ihnen einbringen muss, um sich zu amortisieren.	Fragen Sie sich selbst: Erreiche ich mit einer Anzeige wirklich meine Zielgruppe? Lesen Sie dazu die Mediadaten des Mediums. Sie stehen in der Regel auf der Website der Zeitung oder des Verlages, sonst können Sie die Informationen auch in der Anzeigenabteilung anfordern. In den Mediadaten steht, wie hoch die Auflage des Mediums ist und wie sich die Leserschaft zusammensetzt.
Wenn Sie sich für eine Anzeige entscheiden, dann wählen Sie lieber eine kleine Anzeige und schalten diese mehrmals. Das erhöht den Werbeeffekt.	
Lesen Sie vor Abschluss eines Anzeigenvertrages unbedingt das Kleingedruckte. Achten Sie darauf, ob sich die Anzeigenschaltung automatisch verlängert. Wenn ja, dann denken Sie daran, rechtzeitig zu kündigen.	Um eine hohe Streuung zu vermeiden, sollten Sie Anzeigen am besten in einer Fachzeitschrift mit klar definierter Lesergruppe schalten. Oder – wenn Sie regional aufgestellt sind – in einem regionalen Medium, das Ihre Zielgruppe wirklich liest.

Google AdWords

Für „Google-Anzeigen" im Internet gelten ähnliche Vor- und Nachteile wie für Printanzeigen, auch wenn die Bedingungen erst mal günstiger klingen. Das Prinzip: Sie schalten eine kleine Textanzeige im Internet und zahlen nur, wenn jemand auf die Anzeige klickt. Die Summe für einen Klick erscheint im ersten Moment gering. Doch unterschätzen Sie nicht, wie viele Menschen eine Anzeige anklicken – ohne sich je bei Ihnen zu melden. Oder umgekehrt: Es melden sich „die Falschen", also Interessenten für andere Sprachen oder ganz andere Leistungen. Wollen Sie eine solche Online-Anzeige gerne ausprobieren, so begrenzen Sie das Budget und den Zeitrahmen. Lassen Sie sich nicht dazu hinreißen, die Anzeige immer weiter zu verlängern, wenn sie nicht die erwünschte Wirkung hat. Rechnen Sie nach Ablauf der selbst gesetzten Frist aus, wie viele Besucher auf Ihrer Website waren, wie viele Anfragen Sie hatten und möglicherweise auch, wie viel Neugeschäft die Anzeige gebracht hat. Dann können Sie fundiert entscheiden, ob sich eine Online-Anzeige für Sie lohnt.

Eine Alternative zur Anzeige

Ihre Website steht seit Wochen oder gar Monaten online, Sie sind aber nicht unter Ihrem Namen zu finden? Sie schalten Anzeigen, weil sonst niemand auf Ihre Website kommt? Hier eine Alternative zu Anzeigenschaltungen im Internet: Investieren Sie in eine sauber programmierte Website, die von Suchmaschinen gut gefunden wird. Lassen Sie die Website vom Programmierer in alle bekannten Suchmaschinen eintragen. Parallel dazu geben Sie die Webadresse selbst in möglichst viele Online-Verzeichnisse ein – zum Beispiel in Branchendatenbanken für Dolmetscher und Übersetzer, Netzwerkportale für Freiberufler oder auch gut gemachte Städteportale Ihrer Region. Die Einträge in solche Verzeichnisse sind zumeist in der Grundfunktion gratis. Die Verlinkungen von den Portalen auf Ihre Website wirken sich positiv auf das Ranking der Website bei den Suchmaschinen aus und bringen Besucher auf Ihre Homepage. Was Sie außerdem noch tun können, damit Ihre Website bekannter wird, das lesen Sie im Abschnitt über „PR im Internet" ab Seite 112.

Gelbe Seiten

Wenn Sie als selbstständiger Dolmetscher und Übersetzer regional aufgestellt sind und Privatkunden haben, überlegen Sie vielleicht, eine Anzeige in den regionalen Gelben Seiten zu schalten. Wie viele Kunden und Neugeschäft eine Anzeige in den Gelben Seiten für Sie bringt, lässt sich schwer voraussagen. Es hängt unter anderem von der Größe der Anzeige und den Mitbewerbern in der Region ab. Bedenken Sie, dass Sie durch eine Anzeige in den Gelben Seiten möglicherweise nicht nur Anfragen von potenziellen Kunden erhalten werden, sondern auch Anfragen, die nichts mit Ihrem Angebot zu tun haben, zum Beispiel für Sprachen, die Sie nicht bedienen. Die Gelben Seiten sind außerdem für viele Produktanbieter ein Nachschlagewerk für deren Vertrieb – erfahrungsgemäß erhalten Unternehmen aus den Gelben Seiten vermehrt Angebote rund ums Büro. Die Beantwortung solcher Anfragen kostet Zeit. Bevor Sie für ein Jahr eine Anzeige schalten, fragen Sie am besten im Kollegenkreis, ob jemand Erfahrung mit einer Anzeige in den Gelben Seiten hat. Wägen Sie dann die Vor- und Nachteile ab. Die Kosten für eine Anzeige stehen dem möglichen Gewinn durch neue Kunden gegenüber. Was Sie auf jeden Fall machen können: Sorgen Sie dafür, mit einem kostenfreien Eintrag in den Gelben Seiten vertreten zu sein. Ein Grundeintrag besteht aus Name, Anschrift und Telefonnummer eines Anbieters. Wer Sie sucht, der findet Sie dann zum Beispiel auch über die Telefonauskunft. Infos dazu finden Sie im Internet unter www.gelbeseiten.de.

PR in eigener Sache – wie Sie Ihre Bekanntheit steigern

Nicht nur große Unternehmen können erfolgreich PR machen, sondern auch kleine Firmen und sogar Freiberufler. PR steht für „Public Relations" oder auch „Öffentlichkeitsarbeit". Aufgabe der Öffentlichkeitsarbeit ist es, das Image und die Bekanntheit eines Unternehmens zu steigern – zum Beispiel mithilfe von Pressearbeit, einem Newsletter oder gar einem Fachbuch. Die PR ist insbesondere das geeignete Instrument, um sich langfristig als Experte in einem Bereich zu positionieren. Sogar als typischer „Einzelkämpfer" haben Sie sehr gute Chancen, auf diese Weise einen hohen Bekanntheitsgrad bei Ihrer Zielgruppe zu erlangen. Gerade in Zeiten, in denen sich Produkte und Dienstleistungen immer weniger voneinander unterscheiden, sind Faktoren wie die Reputation und die Bekanntheit entscheidend für den Erfolg.

PR ist nicht mit Werbung zu verwechseln. Es gibt entscheidende Unterschiede zwischen diesen beiden Disziplinen, auch wenn beide letztlich der Kundengewinnung dienen. Der Unterschied: In der Werbung geht es in erster Linie darum, Kaufimpulse zu geben. Dabei funktionieren die Werbemaßnahmen kurzfristig und sind messbar: Wenn Sie zum Beispiel Anzeigen über einen bestimmten Zeitraum schalten, lässt sich daraufhin relativ konkret ablesen, ob dies zu einem Anstieg von Anfragen und Aufträgen führt. Öffentlichkeitsarbeit hingegen will ein Image aufbauen, informieren und überzeugen – was sich eher langfristig positiv auf den Vertrieb auswirkt. Im Gegensatz zur Werbung wirkt die PR nicht kurzfristig, dafür aber nachhaltig.

Um erfolgreich PR in eigener Sache zu machen, brauchen Sie kein großes Budget, denn die meisten Maßnahmen kosten kein Geld. Aber Sie brauchen dazu Zeit und Talent fürs Schreiben, denn die PR arbeitet vor allen Dingen mit Texten und sachlichen Informationen. Wenn Sie sich also als Experte positionieren wollen und ein kommunikativer Mensch sind, dann könnte die Eigen-PR genau das richtige Instrument zur Kundengewinnung für Sie sein.

Pressearbeit

Pressearbeit ist eine wichtige Facette der PR. Sie informiert die Medien und die Öffentlichkeit über ein Unternehmen oder eine Person. Dabei verfolgt sie langfristige Ziele: Pressearbeit will das Image fördern, das Unternehmen bekannter machen sowie Vertrauen schaffen zwischen Journalisten und einem Anbieter. Damit Sie in die Medien kommen, ist es wichtig zu wissen, wie Pressearbeit funktioniert und wie Journalisten „ticken". Hier zunächst einige typische Missverständnisse, wenn es um die Pressearbeit geht:

- Pressearbeit machen heißt nicht, einen Artikel zu schreiben, der dann veröffentlicht wird. Journalisten von Tageszeitungen schreiben die Artikel selbst.

- Wenn Sie eine Pressemitteilung verschicken, ist dies ein Angebot an die Redaktion. Durch Ihre Pressemitteilung können Sie Impulse für einen Artikel geben. Freuen Sie sich, wenn ein Zitat aus Ihrer Pressemitteilung es in die Zeitung schafft.

- Es herrscht Pressefreiheit. Ein Anrecht auf den Abdruck der Pressemitteilung haben Sie nicht.

- Sie erhalten kein Honorar von einem Journalisten, wenn Sie ein Interview geben oder wenn der Journalist Informationen aus Ihrer Pressemitteilung verwendet.

- Umgekehrt können Sie eine Berichterstattung auch nicht kaufen. Die Redaktionen und die Anzeigenabteilungen sind voneinander getrennt.

- „Der Köder muss dem Fisch schmecken, nicht dem Angler." Versetzen Sie sich in den Journalisten und die Leser der Zeitung: Ist Ihr Thema wirklich für eine größere Zielgruppe von Interesse? Wenn die Pressemitteilung nicht interessiert, wird sie von Journalisten ignoriert. Das sollte man akzeptieren.

- Sehen Sie sich bei der Pressearbeit in der Rolle eines Dienstleisters: Sie machen Vorschläge und liefern Informationen zu. Doch die Entscheidung darüber, wann und wie etwas erscheint, liegt nicht in Ihrer Hand.

CHECKLISTE

Worauf es bei der Pressearbeit ankommt

1. Sie brauchen ein interessantes Thema, das aktuell ist.

2. Die Pressemitteilung sollte „journalistisch" geschrieben sein. Insbesondere die Headline (Überschrift) ist wichtig, um Aufmerksamkeit zu wecken.

3. Der Presseverteiler muss aktuell sein und die Pressemitteilung den richtigen Ansprechpartner in der passenden Redaktion erreichen.

4. Das richtige Timing ist essenziell: Die Pressemitteilung muss in der Redaktion zum passenden Zeitpunkt eingehen.

Themen für die Pressearbeit

Journalisten erhalten täglich eine Flut von Pressemitteilungen. Damit Ihre Pressemitteilung das Interesse der Journalisten weckt, sollte sie inhaltlich bestimmte Kriterien erfüllen. Das allerwichtigste Kriterium: Die Pressemitteilung muss einen „Nachrichtenwert" habe, also eine Neuigkeit enthalten. Was ist eine Neuigkeit? „When a dog bites a man, that's not news, but when a man bites a dog, that's news", stellte der amerikanische Journalist John B. Bogart bereits vor hundert Jahren fest. Die Geschichte vom Mann, der den Hund beißt, ist bis heute gültig. Journalisten arbeiten nach dieser Regel und sie gilt auch für diejenigen, die den Journalisten ein Thema schmackhaft machen wollen. Jede Pressemitteilung braucht einen aktuellen Aufhänger mit „Nachrichtenwert". Der klassische Weg in die Medien führt meistens über interne Ereignisse. Hier einige mögliche Themen, die sich auch für Dolmetscher oder Übersetzer eignen:

- Betriebseröffnung/Unternehmensgründung
- Kooperationen/Fusionen
- Jubiläum
- Auszeichnungen
- Messebeteiligung
- Veranstaltung
- Vortrag
- Wachstum
- Soziales Engagement

Doch nicht nur „interne Ereignisse" sind gute Aufhänger für die Pressearbeit. Sie können auch selbst einen Presseanlass schaffen. Eine besonders erfolgreiche Methode ist es, Journalisten Informationen mit „Nutzwert" anzubieten. Als Dolmetscher oder Übersetzer könnten Sie zum Beispiel nützliche Informationen aus Ihrem Arbeitsalltag in Form von Expertentipps anbieten. Stellen Sie diese Tipps auf Ihre Website und schreiben Sie dazu eine Pressemitteilung. Mit den Tipps zeigen Sie Kompetenz und lotsen interessierte Leser der Zeitung auf die Homepage. Gleichzeitig haben Sie auf diese Weise ein aktuelles Thema für die eigene Pressearbeit geschaffen. Hier zwei fiktive Beispiele: Sie sind Dolmetscherin für Chinesisch und kennen sich mit Land und Leuten sehr gut aus? Dann könnten Sie auf Ihrer Website Tipps zum Umgang mit chinesischen Geschäftsleuten geben und dazu Pressearbeit machen. Sie sind Wirtschaftsübersetzer und Experte für Business-Englisch? Dann könnten Sie Tipps oder Stolperfallen rund um das Business-Englisch formulieren.

Pressemitteilung

Damit Journalisten Ihre Pressemitteilung beachten, sollte der Textaufbau den journalistischen Nachrichtenregeln folgen: Eine Pressemitteilung ist immer so aufgebaut, dass die wichtigsten Informationen am Anfang stehen. Der erste Absatz beantwortet die journalistischen W-Fragen: Wer, Wie, Was, Wann, Wo, Warum. Haben Sie all diese Fragen gleich zu Beginn der Pressemitteilung beantwortet, dann haben Sie damit den Nachrichtenkern erfasst. Die weiteren Informationen folgen dann mit abnehmender Wichtigkeit.

Die Pressemitteilung passt am besten auf eine Seite DIN A4. Zwei Seiten lesen Journalisten selten – zumal, wenn sie von kleinen Unternehmen kommen. Orientieren Sie sich deshalb an 300 Worten als Richtwert für die Länge einer Pressemitteilung.

CHECKLISTE

Die Pressemitteilung „von oben nach unten"

- Die Pressemitteilung steht auf dem Geschäftspapier des Unternehmens. Über den eigentlichen Text schreiben Sie „Presseinformation" oder „Pressemitteilung". So weiß der Redakteur, mit welcher Art von Text er es zu tun hat.

- Insbesondere die Überschrift („Headline") ist wichtig, um Aufmerksamkeit zu wecken. Sie sollte kurz und aussagekräftig sein. Am besten, sie passt in eine Zeile à maximal 60 Anschläge (inklusive Leerzeichen). Dabei präsentiert die Überschrift das Thema in Kurzform und macht neugierig.

- Vor Beginn des Textes stehen der Ort und das Versanddatum – häufig optisch abgehoben durch Klammern. Zum Beispiel: (Berlin, 5. Mai 2010).

- Damit die Pressemitteilung als interessant eingestuft wird, sollte der Journalist den Inhalt sofort erfassen können. Beantworten Sie schon mit dem ersten Absatz der Pressemitteilung die berühmten „W-Fragen" – Wer? Was? Wann? Wo? Wie? Warum? – wie zuvor beschrieben.

- Der Mittelteil gibt weitere Informationen zum Thema. Die Reihenfolge der Informationen bleibt wie gehabt „von wichtig bis weniger wichtig". Auf die Zusatzinformationen mit Details zum Thema folgen Hintergrundinformationen.

- Am Schluss der Pressemitteilung stehen praktische Hinweise wie beispielsweise auf weiterführende Informationen im Internet.

- Nach dem eigentlichen Haupttext folgt typischerweise ein ganz kurzes „Unternehmensportrait". Als Freiberufler schreiben Sie hier eine knappe Zusammenfassung Ihres Angebots und geben sachliche Informationen zu Ihrem Profil als Dolmetscher oder Übersetzer. Nennen Sie Ihre Webadresse.

- Am Ende der Pressemitteilung steht der Presseansprechpartner mit seinen direkten Kontaktdaten. Wenn Sie die Pressearbeit selbst machen, dann stehen hier Ihre vollständigen Kontaktdaten.

Das Schreiben der Pressemitteilung

Die Pressemitteilung sollte leicht verständlich und in sich schlüssig geschrieben sein. Zur Verständlichkeit tragen eine einfache Sprache und kurze Sätze bei. So schreiben Sie journalistisch:

- In der dritten Person schreiben. Keinesfalls Wörter wie „Sie, wir, unser, man" verwenden.

- Termine mit konkretem Datum nennen. Bezeichnungen wie „heute" oder „morgen" sollten gar nicht oder nur im Zusammenhang mit dem Datum vorkommen.

- Zahlen von 1 bis 12 ausschreiben (eins, zwei, drei … zwölf). Danach Ziffern nutzen (13, 14, 15 …).

- Keine Zeichen verwenden: Wörter wie „Prozent" oder „Euro" ausschreiben (statt % oder EUR).

- Keine Abkürzungen nutzen, sondern alles ausformulieren („zum Beispiel" anstatt „z. B.", „circa" anstatt „ca.").

- Personen mit komplettem Namen, möglicherweise Titel und Funktion nennen. Schreiben Sie zum Beispiel „Tom Mustermann, Inhaber des Übersetzungsbüros mustermann translations". In einer Pressemeldung steht niemals „Herr" oder „Frau".

- Fachausdrücke meiden. Wenn sie unvermeidbar sind, dann unbedingt im Text erklären.

- Superlative und Eigenlob meiden.

Tipp
Sie möchten gerne einmal Pressemitteilungen von Unternehmen anschauen? Sie finden Pressemitteilungen auf den Webseiten der meisten großen Unternehmen in deren Online-Pressebereich. Oftmals gut gemacht sind zum Beispiel die Pressebereiche von gesetzlichen Krankenkassen und Versicherungen, die eine Fülle von Pressemitteilungen zum Nachlesen bieten. Oder gehen Sie auf eines der großen Presseportale im Internet, zum Beispiel auf www.presse portal.de. Dort gibt es Pressemitteilung aus den unterschiedlichsten Branchen.

Presseverteiler

Bei der Pressearbeit zählt nicht Masse, sondern Klasse. Auch ein riesiger Presseverteiler verhilft nicht zum Erfolg, wenn das Thema nicht zum Medium passt. Schicken Sie deshalb Ihre Pressemitteilung nur an jene Journalisten, für die die Meldung auch interessant ist. Dazu brauchen Sie einen Presseverteiler, der genau auf Ihre Pressearbeit zugeschnitten ist. Wenn Sie den Presseverteiler erstellen, überlegen Sie im Vorfeld, wer die Zielgruppe für Ihre Pressearbeit ist und an wen die Meldung gehen soll: An die Lokalseiten der regionalen Presse? An die Redaktion „Beruf und Karriere"? Oder gar an das Ressort „Wirtschaft"? Als Freiberufler benötigen Sie keine riesige Datenbank für Ihre Pressearbeit. Fünf bis zehn gut recherchierte Kontaktdaten sind besser als 50 Adressen von Medien, die Sie vielleicht nicht einmal kennen. Die Presseadressen können Sie selbst recherchieren:

- Erstellen Sie zunächst eine Liste mit den Medien, die für Ihre Pressearbeit interessant sind. Das sind für Dolmetscher und Übersetzer vor allen Dingen regionale Medien oder auch Fachzeitschriften. Vielleicht gehen Sie an einem gut sortierten Kiosk vorbei und schauen, welche Medien aus der Region für Ihre Pressearbeit in Fragen kommen. Denken Sie beim Zusammenstellen des Verteilers unbedingt auch an die Anzeigenblätter – sie werden viel gelesen.

- Recherchieren Sie dann die Kontaktdaten der Medien und der für Sie interessanten Redaktion ganz einfach selbst. Entweder Sie kaufen jeweils ein Exemplar der Zeitung und schauen dort im Impressum nach den Kontaktdaten. In manchen Zeitungen finden Sie sogar die direkte Telefonnummer oder die E-Mail-Adresse von einzelnen Redakteuren. Alternativ dazu können Sie auf der Website der Zeitung nach den Kontaktdaten recherchieren. Zumindest die Adresse und die Telefonnummer finden Sie auf jeder Homepage unter dem Stichwort „Impressum" oder auch „Kontakt".

- Wenn im Impressum der Zeitung keine konkreten Redakteure genannt sind, können Sie den Ansprechpartner für Ihr Thema in einer ruhigen Minute selbst recherchieren: Rufen Sie im Sekretariat des Verlagshauses an oder lassen Sie sich mit dem Sekretariat der in Frage kommenden Redaktion verbinden. Stellen Sie sich höflich vor und erfragen den Namen des Ansprechpartners für Ihr Thema sowie dessen Kontaktdaten.

Legen Sie sich für den Presseverteiler am besten eine Datei auf dem Rechner an. Folgende Angaben gehören in Ihren Verteiler: Der Name des Mediums, das Ressort (z. B. Lokalredaktion, Wirtschaftsredaktion etc.), die Adresse, die

Homepage, der Ansprechpartner mit Vor- und Nachnamen, Telefon- und Faxnummer, die E-Mail-Adresse sowie die Erscheinungsweise des Mediums (z. B. täglich, wöchentlich, monatlich). Reservieren Sie in der Liste außerdem Platz für eine Spalte mit Bemerkungen. Dort notieren Sie zum Beispiel, ob und wann Sie in der Redaktion angerufen haben und wie das Gespräch verlaufen ist. Das ist eine gute Gedächtnisstütze und bietet Anknüpfungspunkte bei einem weiteren Gespräch.

Presseversand

Schicken Sie Ihre Pressemeldung nicht automatisch an alle Personen aus Ihrem Verteiler. Insbesondere bei der Pressearbeit von Freiberuflern gilt: Weniger ist mehr. Wenn Redakteure häufig mit Informationen bedacht werden, die für sie uninteressant sind, löschen sie die E-Mail vielleicht beim nächsten Mal ungelesen. Stellen Sie den Verteiler deshalb besser individuell für die jeweilige Pressearbeit zusammen. Es ist völlig in Ordnung, wenn dies nur wenige Medien sind.

Und so verschicken Sie die Meldung:

- Pressemitteilungen an Tageszeitungen verschicken Sie am besten am Morgen noch vor 10 Uhr, denn Redaktionskonferenzen finden in der Regel am Vormittag statt. Bis dahin sollte Ihre Meldung vorliegen.

- Verschicken Sie die Pressemitteilungen per E-Mail. (Alternative: Wenn Sie keine E-Mail-Adresse haben, können Sie die Pressemitteilung auch per Fax schicken.)

- Wenn Sie die Meldung per E-Mail verschicken, so schreiben Sie in die Betreffzeile „Presseinformation" und nennen den Titel Ihrer Pressemitteilung.

- Sie können einen begleitenden Mailtext zur Pressemitteilung formulieren. Schicken Sie in derselben E-Mail im Anschluss an den Mailtext Ihren Pressetext als Textkörper der E-Mail. Dazu können Sie die Pressemitteilung in die E-Mail kopieren. Vorsicht bei der Formatierung: Zeilenumbrüche können verrutschen. Schicken Sie zur Sicherheit erst eine Probe-E-Mail an sich selbst. Zusätzlich können Sie die Pressemitteilung als pdf-Dokument anhängen.

- Wenn Sie eine Pressemeldung verschicken, sollten Sie an diesem Tag gut erreichbar sein. Es ist möglich, dass ein Journalist Rückfragen hat.

Der zeitliche Vorlauf beim Presseversand

Der optimale Zeitpunkt für den Presseversand hängt mit dem Redaktionsschluss der Medien zusammen. Er kann Tage, Wochen oder Monate vor einem Ereignis liegen. Ein Beispiel: Für die Ankündigung eines Vortrags beträgt der zeitliche Vorlauf bei einer regionalen Tageszeitung circa sieben bis zehn Tage. Fachzeitschriften planen ihre Hefte langfristiger. Je nach Erscheinungszyklus und Thema haben sie Vorlaufzeiten von drei bis sechs Monaten. Wenn Sie dort mit einem Thema landen wollen, sollten Sie dies berücksichtigen.

Pressemeldungen kostenlos im Internet veröffentlichen

Sehr beliebt bei kleinen und mittleren Unternehmen, die Pressearbeit machen, sind kostenlose Presseportale im Internet. In diese Presseportale können Sie Pressemitteilungen gratis einstellen, sogar mit Foto oder Unternehmenslogo. Viele Presseportale bieten zusätzlich an, die Pressemitteilung kostenfrei an einen Verteiler von akkreditierten Journalisten zu schicken. Beides können Sie machen – erwarten Sie jedoch nicht allzu viel Resonanz darauf. Die Chance, dass ein Journalist das Thema aufgreift, ist äußerst gering. Trotzdem kann die Veröffentlichung einer Pressemitteilung im Internet Vorteile bringen: Sie wirkt sich positiv auf das Google-Ranking Ihrer Website und auf Ihr Image aus. Wenn jemand in Zukunft nach Ihrem Namen im Internet sucht, erscheinen unter diesem Stichwort nicht nur Ihre Website, sondern auch all Ihre Pressemitteilungen. Auch das macht einen guten Eindruck – vorausgesetzt die Pressemitteilung ist gut geschrieben. Seriöse Presseportale, in die Sie Ihre Pressemitteilung gratis einstellen können, sind zum Beispiel www.openpr.de, www.newsmax.de oder www.firmenpresse.de.

Pressefoto

Jeder kennt das Sprichwort: „Ein Bild sagt mehr als 1000 Worte." Ein passendes Foto zu einer Pressemitteilung erhöht die Aufmerksamkeit und die Abdruck-chance der Pressemitteilung. Bei einem Pressefoto kommt es darauf an, dass es vom Profi gemacht ist und nicht werblich aussieht. In der Regel verschickt man das Foto digital. Dafür benötigen Sie das Foto in einer Auflösung von mindes-tens 300 dpi bei einer Größe von 13 x 18 cm, damit es druckfähig ist. Verwen-den Sie am besten ein Farbfoto im jpg-Format. Wenn Sie das Foto per E-Mail verschicken, schreiben Sie unbedingt dazu, was oder wen man auf dem Foto sieht. Wenn das Bild bei einem Event aufgenommen ist, so geben Sie auch den Zeitpunkt und den Ort der Aufnahme an. Nennen Sie außerdem den kompletten Namen des Fotografen und geben Sie einen Hinweis zu den Nutzungsrechten: Die Standardformulierung lautet „Abdruck honorarfrei".

Tipp
Wenn Sie eine Pressemitteilung verschicken, erwähnen Sie in Ihrer Begleit-E-Mail, dass Sie ein Pressefoto zur Verfügung stellen können. Bei Interesse meldet sich der Journalist. Schicken Sie das Pressefoto nicht ungefragt zusammen mit der Pressemitteilung, wenn Sie den Journalisten nicht kennen.

Praxisbeispiel
Eine Übersetzerin für Englisch aus dem Städtchen Trossingen schaffte es bei der Geschäftseröffnung auf Anhieb in verschiedene regionale Medien. Dazu schrieb sie eine Pressemitteilung, in der sie auf ihren „Rundum-Englischservice" aufmerksam machte. Mit der Pressemitteilung positionierte sie sich als Fach-übersetzerin für Wirtschaft, Handel und Finanzen. Sachlich informierte sie im Text über ihre Leistungen und ihre Qualifikation als Übersetzerin. Zusätzlich zur Pressemitteilung nutzte sie für die Pressearbeit ein Businessfoto: Es zeigt die Unternehmerin im Blazer mit einem freundlichen Lächeln. Der Artikel erschien gleich in mehreren regionalen Zeitungen mitsamt Foto.

Presseresonanz messen

Wenn Sie Pressearbeit machen, dann ist es natürlich spannend zu sehen, ob die Medien die Meldung auch aufgreifen. Bei lokaler Pressearbeit können Sie versuchen, die Resonanz selbst zu messen, denn ein Belegexemplar gibt es in der heutigen Zeit nur noch selten. Die einfachste Methode ist es, die in Frage kommenden Zeitungen für ein bis zwei Wochen sehr aufmerksam zu lesen, nachdem Sie eine Meldung verschickt haben. Falls ein Journalist Sie interviewt hat, fragen Sie ihn nach dem Erscheinungsdatum des Artikels und kaufen Sie die Zeitung an diesem Tag. Sie können auch das Internet bei der Suche nach einem Artikel nutzen. Die folgenden Methoden bieten keine 100-prozentige Garantie, sind aber einen Versuch wert:

- Die jeweilige Website der Zeitung, an die Sie Ihre Meldung geschickt haben, ist eine gute Recherchequelle. Dort stehen viele der Artikel, die auch in der Printausgabe erscheinen. Allerdings auch nicht alle Artikel – die Online-Ausgabe einer Zeitung ist nicht unbedingt identisch mit der Printausgabe.

- Geben Sie in den Tagen nach dem Versand der Pressemitteilung Ihren Namen oder den Titel der Pressemitteilung in Suchmaschinen wie „Google" und „Yahoo" ein. Wenn ein Artikel erschienen ist, können Sie ihn mit etwas Glück auf diese Weise finden.

- Eine weitere kostenlose Möglichkeit, sich über Online-Nachrichten über das eigene Unternehmen zu informieren, bietet „Google Alerts" unter www.google.de/alerts. Wenn Sie einen solchen „Alarm" eingerichtet haben, erhalten Sie jeweils per E-Mail eine Benachrichtigung, wenn Ihr Name oder Firmenname in Online-Nachrichten genannt ist.

Für wen ist Pressearbeit geeignet?

Pressearbeit ist ein langfristiges und bisweilen zeitintensives Unterfangen. Aber wenn Ihnen die Medienarbeit liegt, kann es durchaus lohnenswert sein. Pressearbeit wirkt glaubwürdiger als eine Anzeige und kostet Sie nichts – außer Ihre Zeit. Damit es wirklich funktioniert mit der Pressearbeit, sollte sie gut geplant sein. Gehen Sie dabei realistisch und mit Augenmaß vor. Sie müssen nicht jeden Monat eine Pressemitteilung verschicken oder gar zu einer Pressekonferenz einladen. Das wäre übertrieben. Verschicken Sie eine Pressemitteilung wirklich nur, wenn Sie etwas zu sagen haben. Journalisten erwarten von einem Freiberufler keine perfekt geschriebene Meldung. Jedoch erhöht eine gute Pressemitteilung die Chance, überhaupt beachtet zu werden. Falls Ihnen das Texten nicht so liegt, könnten Sie das Erstellen der Pressemitteilung in die Hände von PR-Profis legen. Das Verschicken der Pressemitteilung und das Einstellen in Presseportale können Sie selbst übernehmen.

Weitere Methoden der Eigen-PR

Wenn Sie sich als Experte für ein bestimmtes Fachgebiet positionieren wollen, gibt es neben der Pressearbeit weitere Möglichkeiten, Ihre Bekanntheit zu steigern. Sie sind Übersetzer für die Finanzbranche? Oder ist Ihr Schwerpunkt die Softwarelokalisierung? Dann überlegen Sie, ob dieses Thema möglicherweise weitere Anknüpfungspunkte für die Eigen-PR hergibt.

Fachvortrag

Falls Sie ein kommunikativer Mensch sind und kein Problem damit haben, vor einer Gruppe zu sprechen, dann ist ein Fachvortrag möglicherweise eine Option für Ihre Eigen-PR. Mit einem Fachvortrag zeigen Sie Kompetenz und erhöhen Ihren Bekanntheitsgrad. Sie können den Vortrag vor Kollegen, potenziellen Kunden oder gar auf einer Fachkonferenz halten. Falls diese Idee für Sie in Frage kommt, überlegen Sie zunächst, wen Sie mit einem Vortrag ansprechen wollen: Kollegen? Potenzielle Kunden? Steht die Zielgruppe fest, dann skizzieren Sie die Struktur Ihres Vortrags und legen fest, wie lang er voraussichtlich sein wird. Die meisten Vorträge dauern zwischen einer und anderthalb Stunden – länger sollte ein Vortrag nicht dauern, weil dann die Aufmerksamkeit der Zuhörer nachlässt. Aber auch ein kürzerer Vortrag von 30 oder 45 Minuten ist denkbar, wenn Sie ihn zum Beispiel im Rahmen eines Netzwerktreffens vor Kollegen halten. Es kommt sehr auf den Anlass und den Rahmen an. Hier drei mögliche Anknüpfungspunkte für Ihren Vortrag:

1. Potenzielle Kunden könnten Sie auf einer Fachmesse antreffen – vielleicht passt Ihr Thema inhaltlich zu den Vorträgen auf einer Fachmesse zu Ihrem Spezialgebiet? Dann könnten Sie herausfinden, wer die Vorträge organisiert und Ihren Vortrag dort anbieten.

2. Gibt es einen Fachverband, in dem Ihre Zielgruppe organisiert ist, der regelmäßig einen regionalen Stammtisch anbietet? So mancher Stammtisch freut sich über den Vortrag eines externen Experten. Hinweise auf regionale Stammtische inklusive Ansprechpartner finden Sie oftmals auf der Website der betreffenden Verbände. Sonst lässt sich dies durch einen Anruf in der jeweiligen Geschäftsstelle herausfinden.

3. Wenn Sie Interesse an einem Vortrag im Rahmen einer Fortbildungsveranstaltung für Dolmetscher und Übersetzer haben, dann informieren Sie sich über die kommenden Veranstaltungen im Internet. Zum Beispiel auf der Website des Nachrichtenportals für Übersetzer „UEPO.de" unter www.uepo.de. Insbesondere Verbände für Dolmetscher und Übersetzer laden regelmäßig zu Konferenzen ein. Oft gibt es in diesem Fall viele Monate vor einer Veranstaltung einen offiziellen „Call for Papers", also die Aufforderung, Vorschläge für Vorträge einzureichen. Wenn es keinen Call for Papers gibt, recherchieren Sie, wer der richtige Ansprechpartner für Vorträge auf der Fachkonferenz ist und nehmen Sie Kontakt auf.

Tipp
Bevor Sie Ihren Vortrag vor Publikum halten, sollten Sie ihn unbedingt probeweise vor Kollegen, Bekannten oder Familienmitgliedern präsentieren, die Sie unterstützen. Dabei merken Sie, was gut ankommt oder wo es möglicherweise Längen im Vortrag gibt. Feilen Sie an Ihrem Vortrag, bis Sie damit wirklich zufrieden sind. Das gibt Ihnen Selbstsicherheit auch für den Fall, dass Sie unter Lampenfieber leiden.

Fachartikel

Manchen Menschen fällt es leichter, einen Fachartikel zu schreiben, als einen Vortrag zu halten. Mit einem Fachartikel können Sie nachhaltig im Gedächtnis bleiben und haben Ihr Expertenwissen „schwarz auf weiß" dokumentiert. So lässt sich ein Fachartikel zum Beispiel auch sehr gut für die Akquise von neuen Kunden nutzen – beispielsweise, wenn Sie den Text in Form einer Kopie einem Mailing an potenzielle Kunden beifügen. Aber auch Ihre Bestandskunden werden beeindruckt sein, wenn Sie Ihnen den Beitrag zukommen lassen. Für Ihren Artikel gehen Sie ähnlich vor, wie zuvor beim Thema „Vortrag" beschrieben:

- Verschaffen Sie sich zunächst Klarheit darüber, wen Sie mit dem Artikel erreichen wollen.

- Überlegen Sie, wie Sie Ihr Thema aufbereiten könnten und welches Medium dafür in Frage kommt.

- Erstellen Sie eine Inhaltsskizze von Ihrem Artikel und legen Sie insbesondere Wert auf einen spannenden Titel.

- Nehmen Sie Kontakt mit der Redaktion auf. Die Kontaktdaten stehen im Impressum des in Frage kommenden Mediums.

Für Dolmetscher und Übersetzer könnte zum Beispiel das Magazin „MDÜ – Fachzeitschrift für Dolmetscher und Übersetzer" interessant sein. Für technische Übersetzer kommt möglicherweise auch die Fachzeitschrift „tekom Nachrichten, Fachzeitschrift für Technische Dokumentation und Informationsmanagement" in Frage. Auch regionale Verbandszeitschriften für Dolmetscher und Übersetzer können eine mögliche Plattform für Ihre ersten Schritte als Autor eines Fachartikels sein. Eine Liste mit Fachzeitschriften und Berufsverbänden finden Sie im Internet unter www.uepo.de.

Wenn die Redaktion mit Ihrem Artikelvorschlag einverstanden ist, erstellen Sie den Beitrag im gewünschten Zeitrahmen und denken Sie daran, auch ein Profifoto von sich bereitzuhalten. Haben Sie keine oder nur wenig Erfahrung mit dem Verfassen eines Artikels, sollten Sie rechtzeitig mit dem Text beginnen. Falls Sie merken, dass Ihnen das Schreiben wider Erwarten schwerfällt, könnten Sie einen Texter oder freien Journalisten mit an Bord holen. Er kann Ihre Inhalte redaktionell bearbeiten oder bei der optimalen Struktur für Ihren Beitrag helfen. Diese Investition lohnt sich, denn ist ein Fachartikel erst einmal veröffentlicht, leistet er Ihnen viele Jahre gute Dienste für die Akquise.

Seminare

Auch Seminare sind eine Option für Dolmetscher und Übersetzer, die sich als Experte positionieren wollen – und bereit sind, etwas von ihrem Wissen weiterzugeben. Sie haben ein Thema, das vielen Dolmetschern und Übersetzern unter den Nägeln brennt? Sie haben Erfahrung mit dem Unterrichten oder sind bereit, sich entsprechendes Handwerkszeug zuzulegen? Dann ist ein Seminar eine der interessantesten Möglichkeiten für die Eigen-PR. Mit einem Seminar können Sie mehrere Dinge gleichzeitig erreichen:

- Seminare sind ein bezahltes Nebeneinkommen.

- Sie positionieren sich als Experte.

- Sie sorgen für mehr Bekanntheit in der Branche und erweitern Ihr Netzwerk.

- Sie erhalten über Seminare möglicherweise Kontakte zu potenziellen Auftraggebern.

Ein Seminar bietet Ihnen außerdem Anlass für die weitere PR in eigener Sache: Sie können in Ihrer E-Mail-Signatur auf das Seminar hinweisen und – in Abstimmung mit dem Veranstalter – Pressearbeit zum Thema machen. Wenn Sie auf Ihrer Website eine Rubrik mit „News" haben, könnten Sie hier auf das Seminar hinweisen. Und nicht vergessen sollte man die Wirkung auf Ihre Kunden: Die Tatsache, dass Sie Seminare in Ihrem Fachgebiet geben, wertet Ihre Leistungen auch gegenüber Bestandskunden auf.

Fachbuch

Ein Fachbuch zu schreiben zählt zu den aufwendigsten Methoden der PR in eigener Sache. Es kann jedoch zahlreiche weitere Türen öffnen, denn wer ein Buch zu einem Fachgebiet schreibt, den nimmt die Zielgruppe wirklich als Experten wahr. Der Autor eines Buches wird von anderen auch gerne als Experte eingeladen, wenn es um einen Vortrag zum Thema geht oder um ein Seminar. Die Kehrseite der Medaille: Ein Buch zu schreiben ist keine leichte Aufgabe, die nebenbei zu bewältigen ist. Es bedeutet vielmehr harte Arbeit und kostet eine Menge Zeit. Auch das Honorar für ein Fachbuch ist in der Regel nicht üppig. Wer also mit dem Gedanken spielt, ein Buch zu schreiben, sollte es wirklich wollen. Der Nutzen sollte ebenso klar sein wie die Motivation vorhanden sein muss, sich über einen längeren Zeitraum mit dem Buch zu beschäftigen. Von der Idee bis zur Umsetzung können leicht zwei bis drei Jahre vergehen. Wenn Sie sich vorstellen können, ein Buch über Ihr Fachgebiet zu schreiben, sind dies die ersten Schritte zu Ihrem Buchprojekt:

1. Überlegen Sie, welches Thema für Sie in Frage kommt.

2. Definieren Sie die Zielgruppe für Ihr Buch. Ist die Zielgruppe für dieses Thema groß genug?

3. Recherchieren Sie, welche Bücher es in diesem Fachgebiet schon gibt. Ist das geplante Thema noch frei?

4. Welcher Verlag kommt für das Buch in Frage? Finden Sie heraus, welche Verlage Bücher zu Themen aus Ihrem Fachgebiet veröffentlichen.

5. Erstellen Sie ein Exposé. Halten Sie darin alles Wissenswerte über das geplante Buch schriftlich fest.

6. Kontaktieren Sie den Verlag zunächst telefonisch und stellen Sie Ihre Buchidee vor. Hat der Verlag Interesse, schicken Sie das Exposé.

Was gehört in ein Exposé?

Beim Exposé handelt sich um einen „Verkaufstext" für Ihr Buch. Das Exposé informiert in Kürze darüber, worum es im Buch gehen soll, was es einzigartig macht und wie es aufgebaut ist. In das Exposé gehören unter anderem der Arbeitstitel des Buches, eine kurze Inhaltsangabe und die Gliederung. Des Weiteren sollten Sie die Zielgruppe für das Buch so genau wie möglich benennen und einige Sätze zum Markt für das Buch schreiben. Wenn es bereits ein ähnliches Buch geben sollte, müssten Sie begründen, warum Ihr Buch trotzdem seine Abnehmer finden wird. Wichtig sind auch Angaben über Ihre Person: Schreiben Sie fundiert, wer Sie sind, welche Ausbildung und Berufserfahrung Sie haben und was Sie zum Schreiben des Buches befähigt. Wenn Sie bereits ein Buch geschrieben oder Fachartikel veröffentlicht haben, erwähnen Sie dies. Viele Verlage wünschen auch ein Probekapitel. Dies können Sie im Vorfeld beim Verlag erfragen.

PR im Internet

Das Internet ermöglicht es Dolmetschern und Übersetzern, auch mit kleinem Budget für mehr Bekanntheit zu sorgen und darüber Kunden zu gewinnen. Die eigene Website ist dabei der Dreh- und Angelpunkt für die Eigen-PR im World Wide Web. Natürlich wünscht sich jeder Unternehmer, dass sich sein Produkt „ganz von alleine", nur mithilfe der Website, verkauft. Leider ist das nicht der Fall. Damit viele potenzielle Kunden den Weg auf Ihre Website finden, müssen sie erst einmal von Ihnen erfahren. Wenn Sie im Internet auf sich und Ihre Leistungen aufmerksam machen wollen, haben Sie verschiedene Möglichkeiten.

„News" auf der Website

Um mehr Besucher auf die Website zu locken, ist es eine gängige Methode, auf der eigenen Website eine Rubrik mit „News" zu etablieren. Dort können aktuelle Nachrichten, zum Beispiel berufsbezogene Informationen, Termine oder auch Näheres zu eigenen Projekten stehen. Besonders beliebt bei Internetnutzern sind Informationen mit Nutzwert wie zum Beispiel Tipps, Checklisten oder interessante Links. Der Vorteil einer aktuellen Rubrik auf Ihrer Website: Sie können dadurch die Zahl der Websitebesucher steigern. Zum einen kommen möglicherweise Kunden und Netzwerkpartner des Öfteren auf Ihre Website, wenn es dort interessante Informationen gibt. Damit rufen Sie sich bei Ihrer Zielgruppe immer wieder in Erinnerung. Zum anderen empfiehlt so mancher Besucher vielleicht Ihre Website oder verschickt den Weblink an weitere Interessenten. Auf diese Weise wächst Ihre Bekanntheit – auch bei potenziellen neuen Auftraggebern oder Empfehlern. Regelmäßig frische Nachrichten auf der Website wirken sich außerdem positiv auf die Platzierung der Website bei den Suchmaschinen aus.

Um von den beschriebenen positiven Effekten zu profitieren, braucht die Website allerdings regelmäßige Pflege. Wenn Sie eine aktuelle Seite auf Ihrer Website einrichten wollen, sollten Sie im Vorfeld überlegen, wie oft Sie die Nachrichtenseite aktualisieren können und wollen. Einmal die Woche? Einmal im Monat? Setzen Sie sich für die Aktualisierung am besten selbst einen Termin, wie beispielsweise: „Immer in der ersten Woche eines Monats aktualisiere ich meine Website". Für die regelmäßige Aktualisierung der Website ist es praktisch, wenn Sie die neuen Texte selbst einstellen können. Alternativ dazu können Sie mit dem Programmierer einen Pauschalpreis für das regelmäßige Einstellen von Informationen vereinbaren.

Newsletter

Ein regelmäßiger Newsletter ist eine wirkungsvolle Maßnahme, um mit Kunden in Kontakt zu bleiben und neue Kunden zu gewinnen. Es ist allerdings mit einigem zeitlichen Aufwand verbunden, einen Newsletter zu etablieren. Über folgende Aspekte sollten Sie sich im Klaren sein, bevor Sie mit einem Newsletter starten:

- Es kostet Zeit, einen Newsletter regelmäßig zu erstellen und zu verschicken. Die Inhalte sollten – ähnlich wie auf der „News"-Seite im Internet – aktuell, interessant und möglichst nützlich für die Empfänger des Newsletters sein.

- Die technischen Voraussetzungen für den Versand sind zu schaffen. Zu Beginn könnten Sie mit einer einfachen Serien-E-Mail starten, die Sie über Ihr E-Mail-Programm verschicken. Wenn die Abonnentenzahl steigt, brauchen Sie eine Newsletter-Software.

Planung

Es ist sinnvoll, ein umfangreicheres Projekt wie einen Newsletter schriftlich zu planen. Erstellen Sie im ersten Schritt am besten ein Konzept: Überlegen Sie, wer die Zielgruppe für den Newsletter ist, wie oft Sie ihn verschicken wollen und was darin stehen soll. Welche Themen wollen Sie anbieten? Haben Sie möglicherweise ein Vorbild für Ihren Newsletter, zum Beispiel einen Newsletter, den Sie sehr gut finden? Damit möglichst viele Menschen den Newsletter abonnieren, kommt es auf einen guten Inhalt an. Sehr beliebt im Internet sind – wie schon bei den „News" auf der Website – Tipps, Checklisten, Fallbeispiele oder Studienergebnisse. Auch Veranstaltungshinweise und Buchrezensionen können je nach Thema und Zielgruppe des Newsletters interessant sein. Neuigkeiten rund um Ihre Person und Ihre Leistungen sind eine weitere Option: Wenn Sie zum Beispiel ein Buch übersetzt haben, könnten Sie im Newsletter auf das Buch und Ihren Anteil daran hinweisen. Sind Sie Dolmetscher und kommen viel in der Welt herum, könnten Sie von Ihrer Arbeit in den verschiedenen Ländern berichten und dadurch illustrieren, was Sie genau machen. Automatisch signalisieren Sie dadurch, dass Sie „gut im Geschäft sind". Das spricht für Sie und Ihre Leistung.

Tipp
Sammeln Sie in der Planungsphase Newsletter von Unternehmen aus unterschiedlichen Branchen und analysieren Sie, was Ihnen gut gefällt. Der Aufbau, die Sprache oder die Themenwahl? Fixieren Sie Ihre Überlegungen in Ihrem Konzept.

Rechtliche Vorschriften

Bevor Sie den Newsletter verschicken, sollten Sie sich über die aktuellen rechtlichen Vorschriften für den Newsletterversand informieren. Zum Schutz vor unerwünschter Werbung gibt es regelmäßig neue Gesetze, die nicht nur Privatleute, sondern auch Unternehmen vor „Spam" schützen sollen. Zurzeit gelten für Newsletter folgende Richtlinien:

- Es ist nicht gestattet, den Newsletter ungefragt an die eigenen Kunden oder an potenzielle Auftraggeber zu schicken. Sie brauchen für den Versand eines Newletters eine schriftliche Einverständniserklärung des Empfängers, dass er diesen Newsletter freiwillig bestellt hat. Ein Verfahren, diesen Nachweis zu erhalten, ist das sogenannte „Double-Opt-in". Es sieht vor, dass ein Interessent, wenn er einen Newsletter regelmäßig erhalten will, dem Empfang in einer Bestätigungs-E-Mail nochmals ausdrücklich zustimmen muss. Wenn sich also ein Interessent bei Ihnen für den Newsletter registriert, sollte er von Ihnen eine E-Mail erhalten, mit der er dann nochmals dem Abonnement zustimmt – zum Beispiel durch einen Hyperlink in der Bestätigungs-E-Mail. Dieses Verfahren soll verhindern, dass Dritte einen Nutzer ohne sein Wissen für einen Newsletter anmelden.

- Sie müssen dafür Sorge tragen, dass der Abonnent den Newsletter jederzeit per E-Mail abbestellen kann: Nehmen Sie deshalb am Ende jedes Newsletters eine entsprechende Formulierung auf, wie das Abonnement zu kündigen ist.

- Jeder Newsletter braucht ein Impressum, aus dem hervorgeht, wer hinter dem Newsletter steht, und Angaben, die eine schnelle Kontaktaufnahme ermöglichen. Das Impressum des Newsletters eines freiberuflichen Dolmetschers und Übersetzers sollte den vollen Personenamen, Anschrift, Telefonnummer, E-Mail-Adresse und Steuernummer bzw. Umsatzsteuer-Identifikationsnummer enthalten. Bei Gewerbetreibenden muss auch die Handelsregisternummer angegeben sein.

- Für den Versand selbst gibt es weitere Vorschriften: Für den Empfänger muss auf den ersten Blick erkennbar sein, von wem die E-Mail kommt. Verschicken Sie also den Newsletter am besten unter Ihrem Personen- oder Firmennamen. Außerdem sollte die Betreffzeile darüber Auskunft geben, welches Thema der Newsletter hat. Diese beiden Vorschriften sollen es dem Empfänger ermöglichen, einen „echten" Newsletter sofort von Spam zu unterscheiden.

Die Vorteile eines Newsletters liegen auf der Hand: Sie bringen sich damit bei Kunden regelmäßig in Erinnerung und kommen in Kontakt mit potenziellen Neukunden. Ein Newsletter verursacht keine externen Kosten, denn Sie können ihn selbst erstellen und haben ein optimales Tool, um regelmäßig auf sich und Ihre Leistungen aufmerksam zu machen. Demgegenüber steht der zeitliche Aufwand. Während ein Einzelkämpfer vielleicht zu dem Schluss kommt, dass ein Newsletter zu viele zeitliche Ressourcen bindet, kann er für eine GbR oder ein Netzwerk aus mehreren Freiberuflern eine lohnenswerte Sache sein. Ein gemeinsamer Newsletter eröffnet neue Perspektiven für den Einzelnen und die Gruppe.

Weblog

Eine weitere Möglichkeit der Eigen-PR im Internet ist es, einen Weblog einzurichten. Ein Weblog ist eine besondere Variante der Website und erfreut sich auch in Deutschland zunehmender Beliebtheit. Das Wort „Weblog" ist zusammengesetzt aus den Worten „Web" und „Log" für Logbuch. Der Weblog ist eine Art öffentlich einsehbares Tagebuch oder Journal im Internet mit meist persönlich gefärbten Beiträgen. Mit einem Weblog werden Sie zum Publizisten. Sie können Ihr Fachwissen zeigen und potenzielle Kunden von sich überzeugen. Ein besonderes Kennzeichen von Weblogs oder abgekürzt auch „Blogs" ist die Interaktivität: Den Lesern von Blogbeiträgen ist es möglich, einen Kommentar zu einem Beitrag zu schreiben, der für alle Leser sichtbar ist. Ein Weblog kann unterschiedliche Funktionen übernehmen:

- Weitergabe von Neuigkeiten

- Wissensaustausch

- Sammlung und Austausch von Web-Links

- Aufbau und Pflege von Kontakten

- Präsentation von eigenen Artikeln und Arbeiten

Wenn Ihnen das Schreiben liegt und Sie Spaß daran haben, sich im Internet mit Menschen auszutauschen, kann ein Weblog eine interessante Methode der Eigen-PR für Sie sein. Aber auch der Weblog kostet eine Menge Zeit, mehr noch als zum Beispiel ein monatlicher Newsletter. Zur Illustration seien ein paar Zahlen genannt: Um mit einem Weblog erfolgreich zu sein, sollten Sie optimalerweise drei bis vier neue Beiträge wöchentlich veröffentlichen. Dabei muss ein Beitrag nicht lang sein. Sie können gelegentlich einfach einen kommentierten Hinweis auf einen interessanten Zeitungsartikel publizieren. Doch natürlich kostet auch ein kurzer Beitrag Zeit – zumal darauf zu achten ist, dass alle Informationen korrekt sind und die Orthografie stimmt. Ein routinierter Autor braucht 30 bis 60 Minuten für das Schreiben eines Blogbeitrags. Wenn Sie einen Weblog starten, brauchen Sie in der Anfangsphase wahrscheinlich länger. Zusätzlich müssen Sie den Blog bekannt machen und sich mit anderen Bloggern vernetzen. Bevor Sie also einen Weblog starten, sollten Sie überlegen, wie viel Zeit Sie investieren können. Vielleicht wäre es eine Option, gemeinsam mit Kollegen einen Weblog zu starten?

Planung

Wenn Sie sich für einen Weblog entscheiden, dann brauchen Sie ein Konzept für den Blog. Wer ist die Zielgruppe Ihres Blogs? Wen wollen Sie damit erreichen? Welche Themen wollen Sie aufgreifen? Es gibt nicht nur die Möglichkeit, einen Weblog zum Thema „Übersetzen" oder „Dolmetschen" aufzusetzen, um auf seine Leistungen aufmerksam zu machen. Ein Länderblog könnte zum Beispiel für Dolmetscher und Übersetzer von seltenen Sprachen interessant sein. Vielleicht wäre ein Weblog zu Ihrem Fachgebiet eine Idee für Sie? Oder Sie haben gar ein Hobby, über das Sie bloggen können und mit dem Sie gleichzeitig Ihre Zielgruppe erreichen? Denken Sie bei der Suche nach einem Thema für den Weblog ruhig einmal „um die Ecke". Hier einige fiktive Beispiele: Eine Texterin und Übersetzerin, die sich auf den Bereich Mode und Lifestyle spezialisiert hat, macht einen Modeblog. Ein Übersetzer aus dem Finanzbereich, der auf Kunden auf Bankkunden und Wirtschaft spezialisiert ist, setzt einen „Golfblog" auf, weil er selbst passionierter Golfspieler ist und darüber potenzielle Kunden trifft. Die Dolmetscherin, die vor allen Dingen in der Filmbranche dolmetscht, startet einen Filmblog.

Umsetzung

Ein Weblog basiert auf einer Blog-Software. Eine kostenlose und weit verbreitete Blog-Software ist zum Beispiel „WordPress", die Sie in einer deutschen Fassung unter „www.wordpress-deutschland.de" finden. Sie können den Weblog in die eigene Website integrieren oder einen separaten Weblog starten. In diesem Fall brauchen Sie außerdem eine eigene Domain für den Weblog. Lassen Sie sich den Blog am besten von einem Programmier aufsetzen. Das Publizieren von Informationen ist dann ganz einfach. Sie können Beiträge ohne viel Aufwand selbst einstellen. Wenn Sie einmal einen Blog starten, sollten Sie Ihr

Engagement dafür nicht so schnell wieder aufgeben. Das würde nicht so gut aussehen gegenüber jenen, die Sie als Leser gewinnen. Geben Sie dem Blog mindestens sechs Monate bis ein Jahr Zeit, um sich zu etablieren und vergessen Sie nicht, regelmäßig etwas dafür zu tun, um Ihren Weblog bekannt zu machen. Tragen Sie zum Beispiel den Blog in Blogverzeichnisse und -portale ein. Falls Sie einen separaten Blog und eine Website haben, setzen Sie auf Ihre Website an prominenter Stelle einen Link zum Blog. Nehmen Sie außerdem den Link auf den Weblog in die E-Mail-Signatur auf und vernetzen Sie sich mit thematisch passenden Blogs.

Tipp

Die Welt der Blogs ist eine eigene neue Welt. Lernen Sie deshalb zunächst die Welt der Blogs kennen und lesen Sie eine Weile in anderen Blogs mit, bevor Sie sich für einen eigenen Blog entscheiden. Sie lernen dadurch eine Menge. Sie erfahren, welche Themen zum Bloggen geeignet sind, wie sich Beiträge textlich gestalten lassen und welche Reaktionen es auf Blogbeiträge geben kann. Außerdem sehen Sie, welche Blogs es schon gibt und welche Nische Sie besetzen können. Bei der Suche nach Blogs helfen Blogverzeichnisse, in denen Blogs nach Themen aufgelistet sind. Deutsche Blogs finden Sie z. B. unter „www.blog-sucher.de", „www.blogverzeichnis.eu" oder „www.blogalm.de". Wenn Sie sich für Weblogs von oder für Dolmetscher und Übersetzer interessieren, dann geben Sie die Worte „blog + dolmetscher" oder „blog + übersetzer" in die Suchmaschine Google ein. Sie erhalten dann eine Liste mit Blogs aus der Branche.

Networking – wie Sie durch Kontakte neue Kunden gewinnen

Gelungenes „Networking" ist im heutigen Berufsleben einer der größten Erfolgsfaktoren für Selbstständige. Über das Networking – oder auch „Netzwerken" – können Sie nicht nur mentale oder praktische Unterstützung für die Arbeit erfahren. Viele erhalten über ihr Netzwerk sogar die größten und wichtigsten Aufträge. Und das ganz ohne Kaltakquise oder das Gefühl, sich selbst „zu verkaufen". Um zu verstehen, warum Networking, sei es in realen oder auch digitalen Netzwerken, so erfolgreich ist, versetzen Sie sich einfach einmal in die Position eines Kunden: Wie würden Sie vorgehen, wenn Sie einen Dienstleister suchen? Angenommen, Sie halten nach einem Grafiker oder einen Programmierer Ausschau: Suchen Sie in den Gelben Seiten nach dem passenden Anbieter oder fragen Sie zunächst Kollegen oder Bekannte nach einer Empfehlung? Sicher wählen auch Sie den Weg der Empfehlung. Genau auf diesem Prinzip beruht der Erfolg der persönlichen Kontakte, die beim Networking entstehen: Wer Sie persönlich kennt und weiß, was Sie machen, wird Sie gerne empfehlen, wenn ein Übersetzer oder Dolmetscher gefragt ist. Eine Empfehlung über persönliche Kontakte ist die beste Werbung, die es geben kann. Sucht jemand aus Ihrem Netzwerk selbst einen Dolmetscher oder Übersetzer, gehören Sie durch den persönlichen Kontakt zur ersten Wahl. Beim Networking steht der Kontakt von Mensch zu Mensch im Vordergrund. Es geht um Beziehungen, um Wissensaustausch und gegenseitige Unterstützung. Je mehr Menschen Sie kennen, desto größer ist der Kreis jener, die Sie empfehlen.

Was ist Networking?

Manche Dolmetscher und Übersetzer sind zunächst skeptisch gegenüber dem Networking eingestellt. Das liegt daran, dass es Missverständnisse darüber gibt, was Networking bedeutet. Das am meisten verbreitete Vorurteil ist, dass es sich dabei um eine Art „Vetternwirtschaft" handelt. Damit verbinden viele eine eingeschworene Gemeinschaft aus Menschen, die sich gegenseitig Aufträge und Posten zuschiebt – ganz gleich, ob die betreffende Person überhaupt die nötigen Fähigkeiten für die Aufgabe hat. Das hat mit dem modernen Networking als Teil des Marketings nicht viel zu tun: Es geht beim Networking darum, Kontakte zu knüpfen und Beziehungen herzustellen. Das Ziel ist es, Informationen, Ressourcen oder Unterstützung auszutauschen.

Networking ist dabei keinesfalls mit schneller und kostenloser Akquise zu verwechseln. Es geht nicht darum, bei einem Treffen möglichst vielen Personen in kurzer Zeit die Visitenkarte und die eigenen Leistungen zu präsentieren. Das wird in Netzwerken leicht als aufdringlich empfunden. (Es sei denn, Sie sind auf einer „Visitenkartenparty", die genau dieses Ziel hat.) Networking ist ein langfristig wirkendes Instrument des Selbstmarketings und damit auch der Kundengewinnung. Ein einmaliger Besuch eines Netzwerks wird in der Regel nicht sofort einen Auftrag einbringen. Gefragt ist vielmehr ein kontinuierliches und zuverlässiges Engagement. Es geht beim Networking nicht nur um das Knüpfen von Kontakten, sondern um den Aufbau von Beziehungen und Kontaktpflege. Bis Beziehungen in einem Netzwerk entstehen, braucht es seine Zeit. Deshalb kann es viele Monate dauern, bis ein Auftrag über einen Netzwerkkontakt entsteht. Dieser Auftrag kann dann allerdings auch ganz besonders interessant sein. Aufträge aus dem Netzwerk zeichnen sich oft dadurch aus, dass sie sehr gut zur eigenen Person passen. Eben „weil man sich kennt" – und sei es um ein paar Ecken. Zum anderen haben Netzwerkkontakte den Vorteil, dass der Kontakt von beiden Seiten als besonders vertrauenswürdig eingestuft wird. Als Dienstleister genießen Sie einen Vertrauensvorschuss, wenn ein Netzwerkpartner Sie einem potenziellen Kunden empfiehlt.

Praxisbeispiel
Gerd ist Diplom-Informatiker und staatlich geprüfter Übersetzer für Englisch. Er befindet sich in der sogenannten „Vorgründungsphase". Seine feste Stelle wurde wegrationalisiert und er ist bereits von der Arbeit freigestellt. Weil er sich mit über 50 Jahren nur geringe Chancen auf eine neue Festanstellung ausrechnet, will sich Gerd in Kürze selbstständig machen. Er sitzt bereits an seinem Internetauftritt und bereitet sich auf die Selbstständigkeit vor. Die Situation

ist noch fremd, aber er freut sich darauf, sein eigener Chef zu sein. In seiner Vorfreude berichtet er wo er geht und steht, dass er sich als Übersetzer selbstständig macht: Im Bekanntenkreis, im Fitnesscenter oder auch beim Spaziergang mit dem Hund. Das für ihn Erstaunliche ist, dass die Menschen sehr positiv darauf reagieren. Die meisten fragen sofort nach seiner Visitenkarte. Sogar einen lukrativen Auftrag hat er schon an Land gezogen: Ein Bekannter, den er gelegentlich im Fitnesscenter trifft, erzählte ihm, dass seine Firma gerade einen freien Übersetzer mit seiner Spezialisierung sucht. Zufall? Den Auftrag hat er schon in der Tasche. Auch Gerds Frau berichtet allen Bekannten und Verwandten von seinen Plänen. Obwohl er noch nicht einmal offiziell selbstständig ist, bekommt Gerd bereits Anfragen. Seine Visitenkarte musste er bereits nachdrucken lassen.

Die Spielregeln des Networkings

Beim Networking geht es darum, Kontakte zu knüpfen, sich auszutauschen und gegenseitig zu fördern. Wichtige Grundlage für das erfolgreiche Networking ist, dass die Balance zwischen Geben und Nehmen stimmt. Networking sollte niemals einseitig sein. Eine der wichtigen Spielregeln fürs Networking lautet daher: „Erst geben, dann nehmen." Wer ganz neu in einem Netzwerk ist, sollte sich dieser Regel bewusst sein. Schauen Sie sich deshalb das Netzwerk Ihrer Wahl erst einmal in Ruhe an. Lernen Sie die Mitglieder kennen und geben Sie, wenn es Ihnen möglich ist, nützliche Informationen oder Rat weiter. Für eine Infoveranstaltung werden Freiwillige gesucht, die für eine Stunde an der Kasse aushelfen? Dann bieten Sie Ihre Unterstützung an. Die Veranstaltung ist eine sehr gute Gelegenheit, die anderen Akteure ein wenig besser kennenzulernen und neue Kontakte zu knüpfen. Natürlich können Sie im Netzwerk auch als neues Mitglied um Rat bitten. Insbesondere dann, wenn Sie Existenzgründer sind, helfen Ihnen erfahrene Unternehmer sicher gerne mit einem Tipp weiter. Versuchen Sie aber trotz alledem, einen Ausgleich zu schaffen, indem Sie selbst auch Informationen weitergeben. Als Einsteiger haben Sie vielleicht einen guten Überblick über die neuesten Förderprogramme auch für kleine Unternehmen? Oder es gibt ein interessantes Seminar, das vielleicht für die Kollegen im Netzwerk interessant sein könnte?

Sich bedanken

Genauso wie im normalen Leben zählt es auch beim Networking zum guten Ton, sich für Rat und Hilfe zu bedanken. Ist die Unterstützung besonders umfangreich ausgefallen oder führte zum Beispiel eine Empfehlung zu einem lukrativen Auftrag, könnte das Dankeschön schon einmal etwas „größer" ausfallen. Statt eine E-Mail zu schicken, ist es eine nette Geste, sich telefonisch oder gar mit einem Brief zu bedanken. Bisweilen kann auch ein Geschenk angebracht sein. Entwickeln Sie hierfür ein feines Gespür. Die Dankesbekundung sollte dem Anlass angemessen sein. Es gibt viele Dolmetscher und Übersetzer, die Aufträge an Kollegen weitergeben, ohne dafür eine Provision zu verlangen. Wenn Sie in der glücklichen Lage sind, dass Sie von Ihren Kollegen Aufträge erhalten, dann überlegen Sie, ob und wie Sie sich auch einmal revanchieren können. Falls es Ihnen nicht möglich ist, Ihrerseits Aufträge weiterzureichen, könnten Sie vielleicht auf andere Weise einen Ausgleich schaffen? Es geht in einer solchen Situation nicht um das Thema Geld, sondern um Wertschätzung: Zeigen Sie, dass Sie das großzügige Verhalten Ihrer Empfehler zu schätzen wissen. Durch Worte, durch eine Geste oder auch durch einen Strauß Blumen oder eine Flasche Wein.

Menschen zusammenbringen

Networking bedeutet auch, Menschen in Kontakt zueinander zu bringen. Sie hören von einem Gesprächspartner, dass er eine Wohnung sucht und kennen jemanden, der nach einem Nachmieter Ausschau hält? Dann bringen Sie diese beiden Menschen zusammen. Networking macht oft gleich drei Menschen glücklich: Den, der empfiehlt, den, der etwas sucht, und den, der empfohlen wird. Die Empfehlung kann privater Natur sein oder beruflich, denn beim Networking geht es nicht nur um das Geschäft. Nehmen wir das Beispiel vom Mitarbeiter eines Unternehmens, der einen kompetenten freiberuflichen Dienstleister für die Firma empfehlen kann: Das wirkt auch positiv auf den Mitarbeiter zurück. Sein Ansehen innerhalb der Firma kann dadurch steigen. Umgekehrt zeigt dieses Beispiel eine weitere wichtige Facette des erfolgreichen Networkings: Empfehlen Sie nur Menschen weiter, von denen Sie wirklich einen positiven Eindruck haben. Sonst fällt es möglicherweise auf Sie selbst zurück, falls die empfohlene Person die Erwartungen nicht erfüllt.

Kontakte pflegen

Mit dem einmaligen Knüpfen von Kontakten ist es beim Networking nicht getan. Die hohe Kunst des Networkings besteht darin, Kontakte zu halten und zu pflegen. Melden Sie sich deshalb gelegentlich bei jenen Menschen aus dem Netzwerk, die Ihnen wichtig sind. Vielleicht haben Sie eine interessante Information aus einem Newsletter, die Sie weiterleiten können? Oder es gibt eine

Veranstaltung, die für Ihren Netzwerkpartner von Interesse sein könnte? Dank E-Mail ist es in der heutigen Zeit gar nicht so schwer, Kontakte auch über längere Zeit aufrechtzuerhalten, ohne sich regelmäßig zu sehen. Wenn Ihre Networking-Kontakte in der gleichen Stadt sitzen, ist ein gemeinsames Mittagessen eine wunderbare und einfache Methode, in Kontakt zu bleiben.

Grenzen ziehen

Es geht beim Networking darum, sich gegenseitig zu unterstützen. Das bedeutet keinesfalls, sich für das Netzwerk aufzuopfern oder seine Dienstleistung gratis anzubieten. Eine kostenlose Übersetzung oder Verdolmetschung, weil man sich kennt, sollte ein Netzwerkpartner nicht von Ihnen verlangen. Halten Sie sich vor Augen: Networking besteht aus „geben und nehmen". Jemand möchte mal kurz Ihre AGB, für die Sie einen Rechtsanwalt beauftragt haben, als Vorlage? Dann sagen Sie freundlich, aber bestimmt „Nein". Gerade sozial veranlagte Menschen müssen in einem Netzwerk gut auf sich achten. Ziehen Sie gegenüber jenen, die zu viel von Ihnen wollen, rechtzeitig eine Grenze. Und vergessen Sie nicht, Ihrerseits um Hilfe zu bitten, wenn Sie welche brauchen.

AUF EINEN BLICK

10 Tipps für das erfolgreiche Networking

- Networking funktioniert nicht von heute auf morgen, sondern langfristig.
- Geben und Nehmen sollten sich die Waage halten.
- Networking funktioniert am besten mit einer positiven Grundhaltung.
- Authentizität ist wichtig – seien Sie so, wie Sie sind
- Zeigen Sie Kompetenz.
- Denken Sie an den Nutzen für den anderen.
- Bringen Sie Menschen in Kontakt.
- Bedanken Sie sich, wenn Sie Hilfe bekommen.
- Halten und pflegen Sie Ihre Kontakte, indem Sie sich immer wieder einmal melden.
- Wählen Sie Ihre Kontakte und Ihre Netzwerke mit Bedacht aus.

Wo lässt sich überall „netzwerken"?

Networking funktioniert eigentlich überall. Manch einer erhält den größten Auftrag seiner Laufbahn auf einer Grillparty. Oder beim Skifahren. Interessante Kontakte gibt es überall, selbst da, wo man sie zunächst nicht vermutet. Dafür sollten Sie stets offen sein. Abgesehen von privaten Verbindungen, aus denen berufliche Kontakte entstehen, können Sie auch ganz bewusst berufliche Kontakte knüpfen. Um ein berufliches Netzwerk aufzubauen oder zu erweitern, ist es insbesondere für Einzelkämpfer wichtig, den Schreibtisch zu verlassen und unter Menschen zu gehen. Besuchen Sie Veranstaltungen und seien Sie offen für neue Kontakte. Die Möglichkeiten des Networkings sind groß. Viele berufliche Organisationen bieten regelmäßige regionale Treffen oder Informationsveranstaltungen an. Zu nennen sind hier beispielsweise:

- Verbände für Dolmetscher und Übersetzer

- Wirtschaftsverbände

- Berufs- und Fachverbände, in denen potenzielle Kunden organisiert sind

- Ländervereine

- Branchenunabhängige Unternehmer-Netzwerke

- Netzwerke speziell für Unternehmerinnen

- Existenzgründertreffen

Wenn Sie ein kontaktfreudiger Mensch sind, können auch einmalige Veranstaltungen eine sehr gute Gelegenheit sein, interessante neue Kontakte zu knüpfen. Besonders geeignet für das Networking sind Weiterbildungsveranstaltungen wie Seminare und Tagungen sowie – falls Sie spezialisiert sind auf eine bestimmte Branche – der Besuch einer Fachmesse.

> **Tipp**
> Existenzgründerinnen finden spezielle Netzwerke für die Zielgruppe Frauen unter www.gruenderinnenagentur.de.

Networking im Internet

Netzwerke im Internet erfreuen sich großer Beliebtheit. Auch für Dolmetscher und Übersetzer gewinnen Online-Netzwerke wie beispielsweise proz.com, Xing oder Facebook an Bedeutung. Diese sogenannten „Social Media Networks" sind Netzwerke im Internet, die als Plattformen zum gegenseitigen Austausch von Meinungen und Erfahrungen dienen. Sie können über solche Online-Netzwerke nicht nur ehemalige Kollegen und Klassenkameraden wiederfinden, Sie können auch Kontakte zu Gleichgesinnten und potenziellen Kunden knüpfen. Allerdings kostet das Engagement in einem oder gar mehreren Online-Netzwerken eine Menge Zeit. Nur wer regelmäßig im Netzwerk aktiv ist, fällt dort auch positiv auf. Interessant für den Beruf sind insbesondere Netzwerke für Dolmetscher und Übersetzer sowie branchenübergreifende berufliche Netzwerke.

Netzwerke speziell für Dolmetscher und Übersetzer

Die Zahl der Online-Netzwerke für Dolmetscher und Übersetzer steigt. Es gibt Netzwerke mit Fokus auf Deutschland sowie internationale Online-Netzwerke, darunter auch solche in englischer Sprache. Den meisten dieser Netzwerke ist gemein, dass sie einerseits dazu dienen, Kontakte zu Berufskollegen zu knüpfen und sich über Fachfragen online auszutauschen. Andererseits werden über die Online-Netzwerke auch ganz konkret Aufträge vergeben. Zu den bekanntesten Online-Netzwerken der Branche zählt proz.com, eine internationale Internetplattform für Übersetzer. Des Weiteren gibt es beispielsweise die Branchen-Netzwerke Translatorscafe.com, Translatorsbase.com oder Traduguide.com. In diesem Bereich ist viel Bewegung und es entstehen regelmäßig neue Übersetzer-Netzwerke im Internet. Es ist deshalb ratsam, sich über die Qualität der jeweiligen Plattform im Kollegenkreis auszutauschen, um eine Auswahl für sich treffen zu können. Die einfache Mitgliedschaft ist in den meisten Netzwerken im Internet gratis. In diesem Rahmen stehen den Nutzern einige Basisfunktionen zur Verfügung. So lässt sich in der Regel ein einfaches Profil einstellen oder man kann sich über Fachfragen mit anderen Mitgliedern austauschen. Wenn es jedoch um die Auftragsgewinnung geht, ist in der Regel eine Premium-Mitgliedschaft nötig, denn erst dann stehen alle Funktionen des Online-Netzwerks zur Verfügung. Zum Beispiel erhalten Premium-Mitglieder in vielen Netzwerken die Ausschreibungen von Aufträgen einige Tage früher als die übrigen Mitglieder.

Neben diesen „offenen" Branchen-Netzwerken, die jedem zugänglich sind und denen jeder beitreten kann, gibt es auch „geschlossene" Online-Netzwerke für Dolmetscher und Übersetzer. Hier sind insbesondere die Foren oder Mailinglisten der Berufsverbände der Branche zu nennen. In diesen Netzwerken geben sich die Verbandsmitglieder gegenseitig nützliche Tipps für die Arbeit, diskutieren Fachfragen oder geben einen Auftrag weiter. Der Austausch in einem solchen Forum ist durch den Verband als Bindeglied verbindlicher als in den offenen Netzwerken. Der Umgangston ist hier oft nicht so rau wie in den Foren, für die sich jeder registrieren kann.

Tipp
Wenn Sie neu in einem Berufsverband sind, fragen Sie in der Geschäftsstelle nach, wo sich die Mitglieder des Verbandes im Internet austauschen.

Branchenübergreifende Netzwerke

Wenn es um das Knüpfen von geschäftlichen Kontakten in Deutschland geht, ist insbesondere das Business-Netzwerk „Xing" zu nennen. Xing bezeichnet sich selbst als „soziales Netzwerk für berufliche Kontakte". Im Rahmen einer kostenlosen Mitgliedschaft können Sie unter anderem ein Profil anlegen und sich mit anderen Xing-Mitgliedern vernetzen. Wenn Sie Premium-Mitglied sind, stehen Ihnen weitere Recherchefunktionen zur Verfügung, die insbesondere für die Akquise nützlich sein können. Es gibt bei Xing außerdem unzählige Gruppen zu beruflichen und privaten Themen, darunter auch eine Gruppe für Übersetzer und Dolmetscher mit dem Namen „Übersetzer Lounge". Das Netzwerk entwickelt sich stetig weiter, vergrößert sein Angebot und wird damit auch komplexer. Um Xing optimal für die Akquise zu nutzen, gibt es deshalb mittlerweile sogar spezielle Kurse. Um sich einen ersten Eindruck zu verschaffen, kann die „Guided Tour" durch das Netzwerk hilfreich sein, die sich unter www.xing.com auf der Seite „Hilfe & Kontakt" befindet.

Neben Xing sind die aus den USA kommenden sozialen Netzwerke „Facebook" oder „LinkedIn" zunehmend populär auch für deutsche Unternehmen. Beides sind Online-Plattformen für die Bildung und Unterhaltung sozialer Netzwerke. Auch wenn Xing und LinkedIn einen klaren Businessbezug haben und Facebook zunächst als ein „privates" Netzwerk erscheinen mag: Facebook zählt zunehmend zu den Netzwerken, die auch für Unternehmen wichtig zu sein scheinen. Als Unternehmer können Sie hier ein Unternehmensprofil einstellen und sich mit anderen Unternehmern sowie Kunden vernetzen.

Tipp
Wenn Sie ein offenes Online-Netzwerk noch nicht kennen, können Sie durch eine kostenlose Mitgliedschaft prüfen, ob es für Sie interessant ist. Lesen Sie in den Foren erst einmal eine Weile mit, bevor Sie selbst einen Beitrag schreiben. Beobachten Sie die Akteure und ob Ihnen der Stil des Austausches gefällt. Ist der Ton rau oder kollegial? Wie ist die Qualität der Fragen und Antworten? Wenn Sie als Unternehmer einen Beitrag schreiben, achten Sie darauf, trotz des persönlichen Tons im Netzwerk nicht zu privat werden. Denn auch im Internet gilt: Wer schreibt, der bleibt. Veröffentlichen Sie keine Kommentare oder Beiträge, die nicht auch ein potenzieller Kunde lesen dürfte.

Was bringen Online-Netzwerke?

Netzwerke im Internet sind auch für den Beruf auf dem Vormarsch. Kaum ein Unternehmen lässt es sich nehmen, in den bekannten Online-Netzwerken zumindest ein Profil einzustellen. Ob das Profil alleine schon Kunden bringt, sei dahingestellt. Die Erfahrungen von freiberuflichen Dolmetschern und Übersetzern in Online-Netzwerken sind durchaus unterschiedlich: Tatsächlich gibt es Unternehmer, die über Xing oder proz.com Kunden finden und Aufträge erhalten. Andere wiederum sind seit Jahren sogar zahlendes Mitglied, aber haben über das Online-Netzwerk noch nie einen Auftrag erhalten. Deshalb lässt sich für Online-Netzwerke ebenso wie für die realen Netzwerke festhalten: Am meisten profitiert, wer sich aktiv einbringt und nützliche Informationen sowie Know-how weitergibt. Tatsächlich steckt in den Online-Netzwerken eine Menge Potenzial für die eigene Fortbildung, den Wissensaustausch, das Seelenleben als Selbstständiger und die Kundengewinnung.

Doch wo Licht ist, ist auch Schatten. Es gibt neben den vielen Vorteilen der Online-Netzwerke auch Risiken. Das naheliegende Risiko ist, dass manch einer sich verzettelt und mehr Zeit in Online-Netzwerken verbringt, als es für seine Arbeit zuträglich ist. Dann steht am Ende das Engagement im virtuellen Netzwerk nicht im Vergleich zu dem, was es für die persönliche und berufliche Entwicklung einbringt. Deshalb es sinnvoll, Prioritäten zu setzen und Netzwerke sorgfältig auszuwählen. Die Übung „So finden Sie das passende Netzwerk" am Ende dieses Abschnitts kann eine nützliche Hilfestellung sein.

Ein weiteres Risiko liegt darin, dass viele Menschen in virtuellen Netzwerken leicht vergessen, was privat und was beruflich ist. Diese beiden Welten vermischen sich im Internet schneller als man denkt – das birgt gewisse Gefahren. Jeder Unternehmer sollte sich stets darüber im Klaren sein, dass sein Profil und seine Kommentare im Online-Netzwerk auch für Menschen sichtbar sind, von denen er nichts weiß und die er nicht einmal kennt. Wenn es sich beim Netzwerk nicht um ein geschlossenes Forum handelt, können auch potenzielle Kunden und Auftraggeber die Kommentare im Internet nachlesen und das Profil einsehen. Eine einfache „Google-Suche" nach Ihrem Namen bringt sie dorthin. Denken Sie deshalb daran: Auch wenn das Internet kurzlebig ist, sind Kommentare quasi „unlöschbar". Was Sie einmal geschrieben haben, das bleibt der Nachwelt erhalten. Schreiben Sie deshalb in Foren, auch wenn hitzig diskutiert wird, nichts Unüberlegtes. Vermeiden Sie es, Namen zu nennen oder etwas Vertrauliches weiterzugeben. (Allgemeine Hinweise zum Umgang mit Sozialen Netzwerken sowie zum Thema Datenschutz finden Sie auf der Website von Verbraucherzentrale Bundesverband e.V. unter www.surfer-haben-rechte.de.)

Wichtig ist bei allen Netzwerken im Internet, gut auf sich zu achten und mit gesundem Menschenverstand zu agieren. Um auf der sicheren Seite zu sein, ist es empfehlenswert, sich auch für das Internet an die guten alten Knigge-Regeln zu erinnern. In vielen Netzwerken gibt es eine schriftlich fixierte „Netiquette" mit Regeln für den Umgang miteinander. Beherzigen Sie die „Netiquette", dann punkten Sie bei den anderen Mitgliedern im Netz. Eines sollte man nicht unterschätzen: Aus vielen Kontakten im Internet entstehen Netzwerke im realen Leben. Die Online-Netzwerke können eine echte Bereicherung sein und neue Welten eröffnen – wenn man sie zu nutzen weiß.

Wie Sie das richtige Netzwerk finden

Als Selbstständiger ist ein Netzwerk, in dem Sie sich wohlfühlen, ein echter Gewinn. Sie können sich jedoch nicht zerreißen und in allen Netzwerken gleichermaßen aktiv sein. Überlegen Sie also mit Bedacht, in welchem Netzwerk Sie sich engagieren wollen, und setzen Sie Prioritäten.

1. Folgende Fragen können Ihnen dabei helfen, für sich eine Auswahl zu treffen:
   - Mit welchem Ziel wollen Sie Networking betreiben: Geht es Ihnen um den beruflichen Austausch oder darum, Kunden zu finden?
   - Suchen Sie ein Online-Netzwerk oder ein Netzwerk im „echten Leben"?
   - In welchem Netzwerk können Sie die für Sie interessanten Menschen treffen?
   - Wie viel Zeit können und wollen Sie in das Networking investieren?

2. Sie haben noch immer die Qual der Wahl? Dann erstellen Sie eine Liste mit den in Frage kommenden Netzwerken und schreiben Sie die jeweiligen Vor- und Nachteile jedes einzelnen Netzwerks auf. Was spricht dafür und was dagegen? Hier einige Fragen, die zur Klärung hilfreich sein können:
   - Welchen Ruf genießt das in Frage kommende Netzwerk?
   - Wie viel Zeit kostet Sie das Netzwerk:
     - ○ Müssen Sie einmal im Monat an einer Veranstaltung teilnehmen?
     - ○ Heißt es, täglich eine Mailingliste mitzulesen und sich an Diskussionen zu beteiligen?
   - Was kostet die Mitgliedschaft?
   - Welche Funktionen kann das Netzwerk für Sie übernehmen, also was bringt es Ihnen?

Es kann sinnvoll sein, sich zunächst auf ein oder zwei Netzwerke zu konzentrieren. Seien Sie in den Netzwerken der Wahl aktiv und bringen Sie sich ein. So lernen Sie die Menschen im Netzwerk kennen und können besser beurteilen, ob das Netzwerk zu Ihnen passt. Wenn Sie sich wohlfühlen und das Netzwerk nützlich für Sie ist, dann bleiben Sie dabei. Entspricht es nicht Ihren Erwartungen, dann halten Sie nach einem anderen Netzwerk Ausschau, das besser geeignet ist.

So knüpfen Sie Kontakte

Das Networking im „realen Leben" ist anders als das Networking im Internet. Hier herrschen andere Regeln und mit dem Versenden einer E-Mail ist es nicht getan. Gerade im persönlichen Treffen und dem individuellen Gedankenaustausch liegt die Stärke der Netzwerke im echten Leben. Das persönliche Treffen ist Vor- und Nachteil zugleich: Viele Menschen kostet es große Überwindung, auf eine Veranstaltung zu gehen und fremde Menschen anzusprechen. Und doch ist gerade der persönliche Kontakt beim Networking ein Erfolgsfaktor. Denn so großartig das Internet auch sein mag: Die direkten Kontakte mit einem Gegenüber haben eine andere Qualität. Wenn Sie alleine auf eine Veranstaltung gehen und nervös sind, halten Sie sich vor Augen, dass es ganz vielen Teilnehmern der Veranstaltung ähnlich wie Ihnen ergeht. Es sind sicher viele Menschen darunter, die alleine gekommen sind und niemanden kennen. Sie sind neuen Kontakten gegenüber aufgeschlossen und damit die optimalen Gesprächspartner für Sie.

Um einen ersten Kontakt auf einer Veranstaltung herzustellen, ist „Smalltalk" gefragt. Mit „Smalltalk" ist die Fähigkeit gemeint, auch mit Unbekannten nett über Alltägliches zu plaudern und auf diese Weise ungezwungen in Kontakt zu treten. Um mit dem Smalltalk gut zurechtzukommen, ist eine positive Grundhaltung vorteilhaft für Sie. Je entspannter Sie sind, desto besser läuft es. Smalltalk kann ganz einfach sein: Sprechen Sie über Themen aus dem Alltag, seien Sie ein guter Zuhörer und stellen Sie auch einmal eine Frage. Dann kommt das Gespräch wie von selbst in Gang.

Wenn Sie besonders schüchtern sind oder es Ihnen schwer fällt spontan zu plaudern, überlegen Sie im Vorfeld einer Veranstaltung, welche Themen sich für ein unverfängliches Gespräch anbieten. Falls Sie auf einen Vortrag gehen, kann das Thema zum Beispiel die Veranstaltung sein, der Redner oder der Vortrag selbst. Eröffnen Sie das Gespräch mit einer Feststellung, die offensichtlich ist, zum Beispiel: „Es sind viel mehr Menschen gekommen, als ich gedacht hätte. Der Saal ist bis auf den letzten Platz besetzt." Oder stellen Sie eine kleine Frage: „Die letzte Rede war wirklich gelungen, finden Sie nicht?" Oft ist das Eis damit gebrochen. Das Wetter oder die Parkplatzsuche auf dem Weg zur Veranstaltung sind ebenfalls gute Aufhänger, um ins Gespräch zu kommen. Je unverfänglicher Sie in das Gespräch einsteigen, desto besser.

Themen für den Smalltalk	Tabuthemen beim Smalltalk
☺	☹
Wetter Beruf Reisen Freizeitaktivitäten Sportliche und kulturelle Ereignisse	Politik Krankheiten Religion Geld Probleme

„Und was machen Sie beruflich?"

Früher oder später kommt sie immer – die Frage nach dem Beruf. Trotzdem scheint es viele Selbstständige kalt zu erwischen, wenn es darum geht zu sagen, wer sie sind und was sie machen. Das lässt sich sehr gut bei Vorstellungsrunden beobachten, wie sie bei Seminaren oder auf Stammtischen üblich sind. Solche Momente sind eigentlich eine sehr gute Gelegenheit für Unternehmer, sich ins rechte Licht zu rücken. Doch viele lassen diese Chance ungenutzt verstreichen. Zwei Extreme lassen sich – hier etwas zugespitzt beschrieben – beobachten:

> **Szenario 1**
> *Manch einer erzählt im Rahmen einer Vorstellungsrunde lang und breit darüber, was er schon alles gemacht hat und verliert sich dabei in seinem beruflichen Werdegang. Auch nach über einer Minute wissen die Zuhörer noch nicht, was der Sprecher zurzeit beruflich macht. Das Interesse in der Gruppe erlahmt mit jeder Sekunde.*

Einschätzung: Gerade wenn sich mehrere Personen vorstellen, ist es wichtig, dass die eigene Vorstellung prägnant und nicht zu lang ist. Es ist für alle Zuhörer anstrengend, längeren Monologen zu folgen. Vor allen Dingen, wenn der Zusammenhang mit dem jetzigen Beruf nicht klar erkennbar ist. Deshalb sollte es das Ziel sein, bei einer Selbstpräsentation wirklich nur jene Informationen zu nennen, die für die Zuhörer interessant sind. Beginnen Sie Ihre Vorstellung im Rahmen eines Seminars oder auf dem beruflichen Stammtisch mit Ihrem vollen Namen und Ihrem aktuellen Beruf. Mit den weiteren Informationen führen Sie das Gesagte dann näher aus. Wenn Sie Arbeitsschwerpunkte haben, so erzählen Sie möglicherweise in Kürze, wie Sie dazu gekommen sind. Oder nennen Sie einige Kunden, für die Sie tätig sind. Das Ziel der Selbstvorstellung ist es, Neugier und Sympathie zu wecken. Das Gesagte liefert am besten einen guten Aufhänger für ein vertiefendes Gespräch – zum Beispiel in der nächsten Kaffeepause des Seminars oder im Anschluss an die Vorstellungsrunde beim Stammtisch.

> **Szenario 2**
> *Das Gegenteil der viel zu ausführlichen Selbstpräsentation ist die „Blitzvorstellung": So mancher stellt sich im Rahmen einer Selbstpräsentation so kurz vor, dass die Zuhörer gar keine Gelegenheit haben, die Information einen Moment auf sich wirken zu lassen. Ein fiktives Beispiel hierfür wäre: „Ich heiße Peter Müller und bin Übersetzer."*

Einschätzung: Eine zu knappe Präsentation entlastet zwar im ersten Moment die Zuhörer, besonders wenn es sich um eine Vorstellungsrunde in einer großen Gruppe handelt. Doch der Übersetzer aus dem Beispiel verpasst die Chance, sich positiv im Gedächtnis der anderen Unternehmer zu verankern. Den Zuhörern ist es aufgrund der spärlichen Information nicht möglich, sich ein Bild vom Übersetzer zu machen. In welchen Sprachen arbeitet er? Wie lange ist er schon selbstständig? Hat er Arbeitsschwerpunkte? Am Ende der Vorstellungsrunde erinnert sich wahrscheinlich keiner mehr daran, was die betreffende Person überhaupt gesagt hat. Empfehlenswert wäre es für jene, die sich lieber kurz fassen, trotzdem selbstbewusst einige Sätze zur Person und zur Leistung zu formulieren. Nicht ausschweifend oder werblich, aber auch nicht zu kurz.

Die beiden Beispiele zeigen, dass es gar nicht so einfach ist, sich in wenigen Sätzen vorzustellen. Damit die Selbstpräsentation gelingt, können Sie sich auf solche Momente vorbereiten: Investieren Sie etwas Zeit und erarbeiten Sie für sich selbst eine gelungene Selbstvorstellung in wenigen Sätzen.

Der „Elevator Pitch"

Eine gute Hilfestellung für die Vorbereitung einer gelungenen Selbstpräsentation ist der „Elevator Pitch". Der Begriff kommt aus den USA und meint eine kurze, sorgfältig geplante und gut präsentierte Beschreibung des eigenen Angebots. Der klassische Elevator Pitch dauert so lange wie eine kurze Aufzugfahrt, deshalb wird der Elevator Pitch auch „Aufzugspräsentation" genannt. Der typische Elevator Pitch dauert circa 30 bis maximal 90 Sekunden. Für verschiedene Zielgruppen benötigen Sie möglicherweise verschiedene Elevator Pitches, legen Sie sich deshalb am besten verschiedene Präsentationen zurecht. Die folgenden Vorschläge helfen Ihnen dabei, einen individuellen Elevator Pitch zu entwickeln, der emotional ist und neugierig macht:

- Richten Sie den Elevator Pitch an Ihrer Zielgruppe aus: Versetzen Sie sich in die Lage der Zuhörer und was diese besonders interessieren könnte.

- „Bilder" beleben eine Präsentation: Beginnen Sie die Selbstvorstellung möglicherweise mit einer guten Frage, einem Bild oder einer kleinen Geschichte. Sehr gut kommen auch Beispiele aus dem Arbeitsalltag an.

- Beschreiben Sie nicht einfach Ihre Leistungen: Erzählen Sie Ihrem Gegenüber vom Nutzen Ihrer Leistung. Was kann Ihr Angebot für Kunden tun?

- Sprechen Sie von Lösungen: Welche Probleme löst Ihr Angebot? Welcher Markt steht im Fokus?

- Welchen Vorteil hat Ihr Gegenüber von Ihrem Angebot? Zeigen Sie auf, was Ihr Gesprächspartner von der Beauftragung Ihrer Person hat.

- Machen Sie ein Gesprächsangebot: Beenden Sie den Elevator Pitch mit einer Aufforderung oder einer Frage, die zu einem Gespräch einlädt.

Betrachten Sie die Liste als Anregung. Sie brauchen nicht jeden der genannten Punkte umzusetzen, wenn Sie Ihren Elevator Pitch entwerfen. Oftmals reicht schon eine gute Idee aus, um der eigenen Vorstellung die nötige „Würze" zu geben. Halten Sie sich vor Augen: Beim Elevator Pitch geht es nicht darum, sich selbst zu verkaufen. Das Ziel der Präsentation ist es vielmehr, Neugier und Sympathie zu wecken. Berichten Sie nicht nur, wer Sie sind und was Sie machen, sondern erwähnen Sie zum Beispiel auch, was Sie besonders gut machen und wofür Sie sich engagieren oder gar „brennen". Je emotionaler Ihr Elevator Pitch ist, desto größer wird die Resonanz auf Ihre Worte sein.

So entwickeln Sie Ihren Elevator Pitch

Formulieren Sie Ihren eigenen Elevator Pitch schriftlich. Die erste Fassung ist vielleicht zu lang – dann kürzen Sie nach und nach die Füllwörter, die nicht wichtig sind, und verdichten Sie Ihren Text. Achten Sie darauf, dass er wie die gesprochene Sprache klingt. Lesen Sie sich dazu den Text am besten mehrere Male laut selbst vor und verändern die Worte so lange, bis alles wirklich flüssig klingt. Ihr Elevator Pitch sollte natürlich und authentisch sein.

Wenn Sie sich mit den Worten vertraut fühlen, präsentieren Sie den Elevator Pitch zur Probe vor befreundeten Kollegen oder vor Bekannten, die Sie beruflich unterstützen. Gehen Ihnen die Worte locker von den Lippen, dann nutzen Sie den Elevator Pitch bei jeder sich bietenden Gelegenheit: Beim Stammtisch, beim nächsten Unternehmertreffen oder auch der privaten Feier. Je öfter Sie sich vorstellen, umso mehr Routine bekommen Sie.

Falls es nicht auf Anhieb klappen sollte: Seien Sie geduldig mit sich. Einen Elevator Pitch zu formulieren ist nicht leicht und es kann einige Zeit in Anspruch nehmen, bis alles sitzt. Falls es Ihnen schwer fällt, den Elevator Pitch alleine zu erarbeiten, fragen Sie eine Kollegin oder einen Kollegen Ihres Vertrauens, ob Sie sich nicht zusammentun wollen. Nehmen Sie sich einen Nachmittag Zeit und erarbeiten Sie beide jeweils ihren eigenen Elevator Pitch. Im Team können Sie sich gegenseitig motivieren. Die Fragen und das konstruktive Feedback eines Gegenübers können eine wichtige Hilfe sein.

Alles in einem – wie Sie Messen für die Akquise nutzen

Der Besuch einer Messe kann für Dolmetscher und Übersetzer, die ein klar umrissenes Fachgebiet haben, sehr viele Vorteile bringen. Wenn Sie auf ein bestimmtes Thema spezialisiert sind, ist eine Fachmesse für Sie in vielerlei Hinsicht eine optimale Plattform für das Marketing. Auf der Messe können Sie gleich mehrere der zuvor beschriebenen Techniken der Kundengewinnung anwenden: Sie können Networking betreiben, Kunden akquirieren und sogar etwas für die Kundenbindung tun – und das sehr effizient – denn auf der Messe ist wahrscheinlich ein Großteil Ihrer Zielgruppe versammelt. Grund genug, sich die Möglichkeiten der Fachmesse einmal bewusst vor Augen zu halten:

Networking

Es gibt in Ihrem Netzwerk regionale und überregionale Kollegen, die auch in Ihrem Fachgebiet arbeiten? Dann ist der Besuch einer Fachmesse eine wunderbare Gelegenheit, diese Kollegen zu treffen und sich mit Ihnen persönlich auszutauschen. Da viele Aufträge von Kunden oft mehrere Sprachen betreffen, ist das „Networking" mit Kollegen oft mehr als nur der fachliche Austausch. Nicht selten wird in den eigenen Reihen nach geeigneten Kooperationspartnern Ausschau gehalten. Der Besuch der Fachmesse ist der optimale Zeitpunkt, seine Spezialisierung auf eine Branche oder ein Thema gegenüber seinen Kollegen öffentlich zu machen und zu dokumentieren. Wenn Sie den Besuch der Messe planen, lancieren Sie zum Beispiel in Ihrem Netzwerk, ob online oder offline, die Frage, wer auf die gleiche Messe gehen wird. Verabreden Sie sich für jeden Messetag zu einem festen Zeitpunkt vor Ort. Zum Beispiel zum gemeinsamen Mittagessen in einer bestimmten Cafeteria. Es ist Balsam für die Seele, auf einer großen Messe vertraute Gesichter zu sehen und sich mit Gleichgesinnten auszutauschen. Sie können außerdem den gemeinsamen Besuch von Veranstaltungen und Vorträgen planen. Oft lernt man über das Treffen mit einem Kollegen weitere Kollegen auf einer Messe kennen und das Netzwerk vergrößert sich wie von selbst.

Kundenbindung

Wenn Kunden von Ihnen mit einem Stand auf der Fachmesse vertreten sind, bietet es sich an, den Messebesuch zur Kundenbindung zu nutzen. Kündigen Sie dazu Ihren Besuch rechtzeitig an und fragen Sie, an welchem Tag und zu welchem Zeitpunkt es am besten passen würde. Da Ihr Kunde auf der Messe vor allen Dingen selbst neue Interessenten gewinnen möchte, sollte der Besuch wirklich kurz sein. Zumindest in der Planung. Wenn es sich ergibt und Ihr Ansprechpartner Zeit für einen Kaffee oder gar für ein Mittagessen hat – umso besser. Planen Sie deshalb genügend „Puffer" zwischen den einzelnen Terminen ein. Vielleicht stellt man Ihnen beim Besuch am Messestand auch neue Ansprechpartner im Unternehmen vor? Diese Informationen können für die weitere Zusammenarbeit sehr nützlich sein. Vergessen Sie also nicht, ausreichend Visitenkarten mitzubringen und diese großzügig zu verteilen.

Oftmals entstehen durch die persönlichen Kontakte zu Kunden auf Messen neue Aufträge. Machen Sie sich jedoch auch darauf gefasst, dass Ihr Ansprechpartner kaum Zeit für Sie hat. Bleiben Sie in einem solchen Fall flexibel und schauen Sie zu einem späteren Zeitpunkt noch einmal am Messestand vorbei. Das Ziel sollte es sein, einen netten Kontakt herzustellen und positiv im Gedächtnis zu bleiben. Rufen Sie dann einfach eine Woche nach der Messe bei Ihrem Ansprechpartner an und bedanken sich für das nette Gespräch. Vielleicht herrscht dann eine bessere Atmosphäre, um auch andere Themen zu besprechen.

Akquise

Natürlich lässt sich der Messebesuch auch zur „Kaltakquise" nutzen. Das heißt, Sie können hier direkt Kontakt zu potenziellen Kunden aufnehmen. Wenn Sie diesen Plan hegen, sollten Sie den Messebesuch gut vorbereiten: Bringen Sie dazu zunächst in Erfahrung, welche Unternehmen auf der Messe ausstellen. In der Regel können Sie einen Ausstellerkatalog im Vorfeld erstehen oder auf der Website zur Messe nachsehen, welche Unternehmen vor Ort sein werden. Überlegen Sie dann, welche der Unternehmen Sie ansprechen wollen. Bleiben Sie dabei realistisch: Die „Kaltakquise" kostet Kraft. Wie viele Unternehmen Sie an einem Tag ansprechen können, hängt von Ihrer Persönlichkeit ab und davon, ob diese Akquisemethode Ihnen liegt. Erstellen Sie am besten einen Plan, wann Sie wo vorbeischauen wollen, und bleiben Sie trotzdem flexibel. Die ersten beiden Messetage sind insgesamt für die Kontaktaufnahmen am besten geeignet, denn die Aussteller sind noch ausgeruhter. Sie haben eher ein offenes Ohr für Anfragen. Wenn Sie noch nie Akquise auf diesem Weg gemacht haben, wählen Sie für die ersten zwei bis drei Kontakte Unternehmen aus, die nicht ganz so wichtig sind. Auf diese Weise können Sie sich „warmlaufen". So können Sie beim Messebesuch vorgehen:

• Organisieren Sie einen Ausstellerkatalog und erstellen Sie eine Liste mit Unternehmen, die Sie besuchen möchten.

• Das Gespräch am Messestand sollten Sie gut vorbereiten: Informieren Sie sich über die in Frage kommenden Unternehmen sowie deren Angebot im Internet.

• Überlegen Sie sich einen Gesprächseinstieg für Ihre Akquise. Hier empfiehlt sich der „Elevator Pitch", wie zuvor in diesem Kapitel beschrieben: Stellen Sie Ihre Person und Ihre Leistung ebenso kurz wie interessant vor.

• Wenn Sie attraktive Arbeitsproben haben, könnten Sie diese mitbringen und dem potenziellen Kunden zeigen. Verzichten Sie aber auf umfangreiche Unterlagen, die Sie überreichen wollen. Auf Messen gibt es immer Unmengen von Papier und die Gefahr ist groß, dass die Unterlagen untergehen. Vereinbaren Sie lieber, weitere Informationen mit der Post oder per E-Mail zu schicken.

• Bereiten Sie die Messe nach: Schreiben Sie einen persönlichen Brief an Ihren Ansprechpartner. Nehmen Sie in diesem Brief Bezug auf die Messe und fügen Sie Ihr Kurzprofil sowie möglicherweise weitere Unterlagen bei. Schicken Sie Ihren Brief mit einem zeitlichen Abstand von einer Woche. Dann hat Ihr Ansprechpartner seinen eigenen Arbeitsberg nach der Messe abgearbeitet und ist wieder offener für Neues.

• Fassen Sie einige Tage nach Ihrem Brief telefonisch nach, wie im Abschnitt über den Werbebrief beschrieben.

Mailing

Für Sie ist weder das Networking noch die Akquise auf einer Messe vorstellbar? Dann können Sie die Messe nutzen, um sich über die Branche zu informieren und Adressen für ein Mailing zu recherchieren. Erstehen Sie dazu nicht nur den Ausstellerkatalog, sondern nehmen Sie vor Ort auch Unterlagen von interessanten Unternehmen mit. Erfragen Sie möglicherweise am Messestand, wer der Ansprechpartner für das Thema „Übersetzer" oder „Dolmetscher" im Unternehmen ist. Dann schreiben Sie circa eine Woche nach der Messe einen Werbebrief. Nutzen Sie dafür die Messe als aktuellen Aufhänger. Wie Sie ein erfolgreiches Mailing gestalten, steht im Abschnitt „Werbung" ab Seite 75.

| **Tipp**
| Eine Liste mit den großen Messen in Deutschland und im Ausland finden Sie im
| Internet auf der Website vom Ausstellungs- und Messeausschuss der
| Deutschen Wirtschaft e.V. (AUMA) unter www.auma.de. Dort gibt es eine detail-
| lierte Messedatenbank.

Der richtige Zeitpunkt für die Akquise

Praxisbeispiel
Sophia ist staatlich geprüfte Übersetzerin für Spanisch und Italienisch. Einen Arbeitsschwerpunkt hat sie nicht – sie nimmt die Aufträge an, wie sie kommen. Sophia ist seit drei Jahren selbstständig, doch sie ist weit davon entfernt, durch ihre selbstständige Tätigkeit zu ernähren. Obwohl sie in jeder freien Minute arbeitet, reicht das Geld nicht aus. Sie hat das Gefühl, in einem Hamsterrad gefangen zu sein. Die meisten Aufträge erhält die Übersetzerin von Agenturen. Oft arbeitet sie abends oder auch nachts. Besonders am Freitag kommen viele Aufträge rein, sodass sie oft das Wochenende durcharbeitet. Die Aufträge der Agenturen sind nicht so gut bezahlt und immer sehr kurzfristig. Aber etwas anderes hat sie nicht. Akquise hat Sophia nie gemacht und sie hat ein schlechtes Gewissen, wenn sie an dieses Thema denkt. Aber für die Akquise ist einfach keine Zeit. Sie braucht all ihre Kraft für die Arbeit. Wenn die mal ausbleibt, überkommt sie die Angst. Dann überlegt sie, ob sie doch mal einen Werbebrief schreiben sollte und auch eine Website hat sie noch nicht. Aber meistens kommt dann doch bald eine Anfrage einer Übersetzungsagentur. Den Gedanken an Marketing und Akquise vertagt sie wieder.

Jeder kennt die Situation aus der eigenen Erfahrung: Am leichtesten akquiriert es sich, wenn man locker ist und die Aufträge nicht unbedingt braucht. Umgekehrt gilt leider auch, dass die Kundengewinnung umso schwieriger wird, je verzweifelter man einen Auftrag benötigt. Dann fehlt einem die entsprechende Leichtigkeit und die Akquise wirkt schnell verkrampft. Deshalb sollten Sie auch wenn Sie ausgelastet sind, die Akquise nicht vernachlässigen. Gerade bei selbstständigen Dolmetschern und Übersetzern ist es oft so, dass die Aufträge in Wellen kommen – mal ist sehr viel zu tun und dann weniger. Wenn Sie erst auf eine Auftragsflaute warten, um mit der Akquise zu beginnen, ist es oft schon zu spät. Dann sind Sie nicht mehr so entspannt und stehen unter großem Druck, den potenzielle Auftraggeber spüren. Besser ist es, regelmäßig etwas für die Kundengewinnung zu tun. Auch in guten Zeiten. Versuchen Sie also nicht erst zu akquirieren, wenn es „brennt", sondern integrieren Sie die Kundengewinnung in Ihren beruflichen Alltag.

- Wenn Sie etablierter Übersetzer oder Dolmetscher sind, nehmen Sie sich beispielsweise vor, jede Woche für zwei bis drei Stunden etwas für die Kundengewinnung zu tun. Sei es, Sie schicken einen Werbebrief raus, gehen auf ein Networkingtreffen oder aktualisieren Ihre Website. All das ist Arbeit, auch wenn sie unbezahlt ist, und gehört zum Leben eines Selbstständigen dazu. Durch die regelmäßige Akquise können Sie dafür sorgen,

ausreichend Aufträge zu erhalten. Die Wellenbewegung in der Auftragslage nimmt ab und Sie kommen nicht mehr in die Verlegenheit, aus der Not
heraus schlecht bezahlte Aufträge anzunehmen.

- Sind Sie Existenzgründer, dann nutzen Sie diese erste Zeit, in der es noch
nicht so viele Aufträge gibt, und knüpfen Sie möglichst viele Kontakte. Besuchen Sie verschiedene Netzwerke, gehen Sie auf Veranstaltungen und
Seminare. Lassen Sie die Menschen in den Netzwerken und auch in Ihrem
persönlichen Umfeld wissen, was Sie machen und dass Sie jetzt Zeit für
Aufträge haben. Das kann bedeuten, dass Sie sich für einige Wochen oder
auch Monate hauptsächlich um die Kundengewinnung kümmern. Das ist in
Ordnung. Es ist normal, wenn Sie nicht von Anfang an beruflich ausgelastet sind. Probieren Sie insbesondere am Anfang der Selbstständigkeit verschiedene Akquisemethoden aus: Schreiben Sie einen Werbebrief, rufen
Sie bei Unternehmen an und engagieren Sie sich in Netzwerken. So wachsen Sie nach und nach in die Rolle eines Unternehmers hinein und lernen,
welche Methoden der Kundengewinnung am besten zu Ihnen passen. Sie
werden sehen, dass es dann auch mit der Auftragslage immer besser wird.

Den idealen Zeitpunkt für die Akquise gibt es nicht. Akquirieren sollten Sie als
Freiberufler immer. Nehmen Sie am besten stets Visitenkarten mit – auch wenn
Sie privat unterwegs sind. Denn sogar auf Feiern von Bekannten oder einem
Straßenfest lassen sich möglicherweise interessante berufliche Kontakte knüpfen. Am besten läuft es mit der Akquise, wenn Sie mit Freude bei der Sache
sind. Mit einer positiven Einstellung punkten Sie bei potenziellen Auftraggebern
und in Netzwerken.

Vierter Teil:
Von der Theorie in die Praxis –
wie Sie Ihre eigene Marketingstrategie
entwickeln und umsetzen

In den vorangegangenen Kapitel haben Sie gesehen, dass das Marketing in eigener Sache zahlreiche Facetten hat. Es gibt eine Fülle von Möglichkeiten für Dolmetscher und Übersetzer, Kunden zu gewinnen und somit die Existenz zu sichern. Nicht jeder Vorschlag oder jede Strategie ist für jeden Selbstständigen gleichermaßen geeignet. Ein Existenzgründer wird andere Maßnahmen zur Kundengewinnung ergreifen als ein etablierter Freiberufler. Und Kundengewinnung ist auch eine Typfrage: Ein ruhiger Übersetzer, der am liebsten im Homeoffice am Schreibtisch sitzt, wählt andere Akquisemethoden als eine Dolmetscherin, die kommunikativ ist und gerne auf Menschen zugeht. Wenn es bei Ihnen gut läuft mit der Selbstständigkeit und Sie etwas für Ihr Marketing tun möchten, um neue Kunden zu gewinnen, dann lassen Sie sich von den Ideen in diesem Ratgeber inspirieren. Wählen Sie aus den Vorschlägen jene Ideen aus, die Sie besonders ansprechen – und setzen Sie sie um. Es ist wichtig, dass die Maßnahmen zur Kundengewinnung zu Ihnen passen. Wenn Sie mit voller Überzeugung bei der Sache sind, funktioniert die Kundengewinnung „wie von alleine". Diese intuitive Methode ist für jene Dolmetscher und Übersetzer geeignet, die mit ihrer beruflichen Situation zufrieden sind und ihren Kundenstamm kontinuierlich ausbauen möchten. Wollen Sie jedoch Ihre berufliche Situation verbessern und höhere Honorare erzielen, dann ist es Zeit für Marketing mit Strategie. Gehen Sie dazu noch einmal in sich und überlegen Sie: Was sind Ihre Ziele? Was wollen Sie erreichen? Wo sehen Sie sich in einem, in drei oder auch in fünf Jahren?

Schritt für Schritt zur Strategie

Als selbstständiger Dolmetscher oder Übersetzer haben Sie weder Zeit noch Geld zu verschenken, deshalb ist es gerade bei einem kleinen Budget sinnvoll, bewusst mit seinen Ressourcen umzugehen. Bringen Sie deshalb Ihre Ziele zu Papier und entwickeln Sie darauf aufbauend eine Marketingstrategie, die optimal zu Ihrer Situation, Ihrem Budget und Ihrer Persönlichkeit passt. Ihren eigenen Marketingplan entwickeln Sie in vier Schritten:

1. Schritt: Ausgangslage

Im ersten Schritt geht es um die Bestandsaufnahme: Was ist die Ausgangslage für Ihr Marketing? Reflektieren Sie ehrlich Ihre jetzige Situation:

- Wo stehen Sie im Moment?
- Was läuft gut?
- Wo liegen die Schwachstellen?
- Was wollen Sie ändern?

2. Schritt: Ziele

Im zweiten Schritt geht es um das Formulieren der Ziele: Was wollen Sie beruflich erreichen? Wo wollen Sie hin? Formulieren Sie Ihre Ziele so konkret wie möglich und halten Sie schriftlich fest, in welchem zeitlichen Rahmen Sie das Ziel erreichen wollen:

- Was wollen Sie erreichen?
  - o in einem Jahr?
  - o in drei Jahren?
  - o in fünf Jahren?

Als Hilfestellung für das Benennen der eigenen Ziele hier einige Beispiele: Ein kurzfristiges Ziel kann es sein, innerhalb eines Jahres eine bestimmte Anzahl an Neukunden zu gewinnen. Schreiben Sie in diesem Fall: „Bis Dezember nächsten Jahres habe ich drei Direktkunden aus meinem Fachgebiet akquiriert." Vielleicht setzen Sie sich auch ein Umsatzziel: „Innerhalb der nächsten drei Jahre will ich meinen Umsatz um 20 Prozent steigern." Das möglichst konkrete Formulieren der Ziele mit einer Zeitvorgabe ist wichtig, um die Ziele greifbar und messbar zu machen. Vielleicht liest es sich für Sie selbst im ersten Moment wie ein schöner Traum, wenn Sie schreiben, dass Sie Ihren Umsatz um 20 Prozent steigern wollen? Stehen Sie zu Ihren Wünschen und Zielen. Jeder Weg fängt mit dem ersten Schritt an. Nur wer sich Ziele setzt, weiß, wo die Reise hingehen soll.

3. Schritt: Der strategische Weg

Im nächsten Schritt der Marketingplanung geht es darum zu formulieren, mit welcher Strategie Sie Ihre Ziele erreichen können. Analysieren Sie die zuvor formulierten Zielvorstellungen. Welcher strategische Weg bringt Sie dorthin? Eine gelungene Marketingstrategie beruht auf der optimalen Kombination der vier Marketingelemente: Angebot, Preis, Vertrieb und Kommunikation. Gehen Sie Ihre Ziele Punkt für Punkt durch und überlegen Sie, welche Handlungsmöglichkeiten es vor diesem Hintergrund für Sie gibt.

- Angebot: Müssten Sie an der Dienstleistung selbst etwas ändern?
- Preis: Sollten Sie das Honorar anpassen?
- Vertrieb: Könnten Sie einen anderen oder weiteren Vertriebskanal einsetzen?
- Kommunikation: Was könnten Sie hinsichtlich der Kommunikation optimieren?

Hier einige Beispiele: Wenn Sie Ihren Umsatz steigern wollen, könnten Sie dieses Ziel erreichen, indem Sie Ihr Honorar erhöhen – und das neue Honorar auch „durchsetzen". Gehört es zu Ihren Zielen, ein höheres Honorar durchzusetzen, gibt es wieder verschiedene Wege, dieses Ziel zu erreichen: Sie könnten zum Beispiel beschließen, sich zu spezialisieren. Als Experte für ein bestimmtes Fachgebiet sind Sie nicht so leicht zu ersetzen und ein höheres Honorar ist eher realisierbar. Vielleicht sind Sie schon spezialisiert, aber arbeiten im Moment vor allen Dingen für Agenturen? Dann könnte es Ihre Strategie sein, von nun an auch Direktkunden zu akquirieren.

Der Marketingmix

ANGEBOT

Wie können Sie Ihre Leistung
so gestalten, dass sie für
Kunden besonders interessant
und nützlich ist?

PREIS

Wie kalkulieren Sie Ihr Honorar?

Wie sind Ihre
Zahlungsbedingungen?

VERTRIEB

Auf welchem Weg erreicht
Ihre Leistung den Kunden:

- über eine Agentur?
- über ein Netzwerk?
- über Kollegen?
- direkt über Sie?

KOMMUNIKATION

Was kommunizieren Sie
über Ihre Leistung?

Welche Kommunikations-
kanäle nutzen Sie dafür
(z. B. Website, Werbe-
brief, Networking)?

Abb: Beim Marketing kommt es auf die gelungene Kombination
der vier Marketingelemente an.

4. Schritt: Die Planung der Maßnahmen

Aus der Strategie heraus entwickeln Sie einen Maßnahmenplan. Es geht um die
unmittelbaren Maßnahmen, die Sie ergreifen können, um die gesetzten Ziele zu
erreichen. Planen Sie schwarz auf weiß Ihre Aktivitäten für die nächsten zwölf

Monate. Wenn durch die Marketingmaßnahmen Kosten entstehen, nehmen Sie auch diese Information in Ihren Marketingplan mit auf. Durch die Planung haben Sie einen besseren Überblick, welche Aufgaben vor Ihnen liegen und ob ihr Plan realistisch ist. Eine grobe Planung reicht für den Anfang aus: Schreiben Sie in Stichworten jene Maßnahmen auf, die Sie ergreifen wollen und die Sie Ihren Zielen näher bringen.

Wenn Ihr Ziel zum Beispiel eine Steigerung des Umsatzes ist und Sie als strategischen Weg notiert haben, dass Sie Direktkunden gewinnen wollen, müssen Sie wahrscheinlich in Ihr Marketingmaterial investieren und ganz gezielt Maßnahmen ergreifen, um Direktkunden zu gewinnen. In den Maßnahmenplan gehören dann die ganz konkreten Aktivitäten auf dem Weg zum Ziel. Fragen Sie sich: Ist meine Website aussagekräftig oder ist es an der Zeit, die Website zu überarbeiten? Welche Akquisemethode könnte ich anwenden, um meine Zielgruppe zu erreichen? Blättern Sie dazu vielleicht noch einmal zurück in das jeweilige Kapitel dieses Ratgebers und wählen Sie jene Marketingmaßnahmen aus, die für Sie am sinnvollsten sind. Wenn Sie Ihre Website überarbeiten wollen, so finden Sie im Kapitel über die Grundausstattung nützliche Informationen, worauf es bei einer gelungenen Website ankommt (ab Seite 51). Suchen Sie nach Ideen für die Kundengewinnung, finden Sie im dritten Teil des Ratgebers zum Thema Akquise eine Fülle von Vorschlägen (ab Seite 73). Dabei ist es gut zu wissen, dass einige Maßnahmen schneller greifen als andere: Die Vorschläge aus dem Bereich der Werbung sind für die kurzfristige Akquise sehr geeignet. Andere Maßnahmen wirken langfristig und sind nicht minder interessant, wie zum Beispiel das gezielte Networking. Es ist sinnvoll, sowohl kurzfristige als auch längerfristige Maßnahmen in einen Maßnahmenplan zu integrieren. Ihre Planung für die nächsten zwölf Monate könnte wie folgt aussehen:

1. Neue Visitenkarten machen lassen. (Datum/Kosten)

2. Die Website überarbeiten. (Datum/Kosten)

3. Wieder zum regionalen Stammtisch gehen. (Datum/Kosten)

4. Netzwerke im Internet auf ihr Potenzial für die Kundengewinnung sichten und sich bei einem Netzwerk als Mitglied registrieren. (Datum/Kosten)

5. Einen Werbebrief schreiben. (Datum/Kosten)

6. Fachmesse besuchen. (Datum/Kosten)

Die Planung mit einer Zeitangabe und dem genauen Beziffern der Kosten bietet viele Vorteile: So können Sie auf einen Blick erkennen, ob Ihre Pläne realistisch sind, zum Beispiel im Hinblick auf die Zeit, die Sie für die Umsetzung des Marketings benötigen. Durch die Planung erkennen Sie außerdem schnell, ob es

Ihnen finanziell möglich ist, alle Maßnahmen innerhalb von zwölf Monaten umzusetzen. Wenn das Budget für Ihre Pläne nicht ausreicht, überlegen Sie, ob Sie Ihre Vorstellungen anpassen können. Welche Alternativen gibt es zu Ihrer ursprünglichen Planung? Steht auf Ihrer Liste zum Beispiel das Thema Website, überlegen Sie, ob es gleich eine umfangreiche Website sein muss oder ob für den Anfang eine kleinere Website ausreicht? Falls Sie nach Netzwerken Ausschau halten und gleich mehrere Netzwerke für eine kostenpflichtige Mitgliedschaft in Frage kommen, wählen Sie zunächst nur ein Netzwerk aus und engagieren Sie sich dort. Die kostenpflichtige Mitgliedschaft in einem weiteren Netzwerk heben Sie sich dann für einen späteren Zeitpunkt auf. Der Marketingplan sollte Sie weder frustrieren noch sollte er Ziele setzen, die unerreichbar sind. Entwerfen Sie also einen realistischen Plan, der Sie zeitlich und finanziell nicht unter Druck setzt – aber doch das ein oder andere Ziel enthält, das Sie herausfordert.

Teilschritte notieren

Damit Sie Ihre Ziele wirklich erreichen und nicht vor der „großen" Aufgabe Marketing zurückschrecken, empfiehlt es sich, den Marketingplan in einzelne realisierbare Teilschritte zu untergliedern. Notieren Sie, passend zu den Stichworten aus Ihrem Marketingplan, die jeweiligen Zwischenschritte. Dabei handelt es sich um jene Maßnahmen, die Sie umsetzen müssen, um zum Endergebnis zu kommen. Das geht ganz einfach in Form einer To-do-Liste. Versehen Sie wie zuvor schon im Marketingplan alle Teilschritte mit einer konkreten Zeitangabe, also mit einem Datum, bis wann Sie diesen Teilschritt erledigen wollen. Für das Beispiel „Website" könnte Ihre Planung wie folgt aussehen:

Website

- Konzept machen (Datum)
- Programmierer suchen (Datum)
- Text erstellen (Datum)
- Online gehen (Datum)

Sie sehen selbst: Die Planung des Marketings ist ein Prozess und benötigt Zeit. Aber diese Zeit ist gut investiert. Wenn Sie einen solch konkreten Maßnahmenplan erstellt haben, ist der wichtige Grundstein für das Marketing der nächsten zwölf Monate gelegt. Gratulieren Sie sich selbst, denn Sie haben ein wichtiges Stück Arbeit geschafft! Sie wissen jetzt, was zu tun ist und können Schritt für Schritt die Aufgaben erledigen.

Die Umsetzung des Marketingplans

Schauen Sie regelmäßig in Ihren Marketingplan und überprüfen Sie, wo Sie stehen. Aktualisieren oder verfeinern Sie Ihre Planung, wenn nötig. Nach einem Jahr ziehen Sie Bilanz: Wie sind die vergangenen zwölf Monate gelaufen? Welche Ihrer Leistungen wurde gut nachgefragt? Hat es geklappt mit der Honorarerhöhung? Konnten Sie den Umsatz steigern? Mit welcher Methode haben Sie die meisten Neukunden gewonnen?

Tipp
Gewöhnen Sie sich am besten an, einmal jährlich die Planung für die nächsten zwölf Monate zu machen. Ein guter Zeitpunkt dafür ist zum Beispiel der Jahreswechsel oder auch ein ruhiger Moment in der Sommerpause. Reflektieren Sie wie oben beschrieben, ob Ihr Marketingplan aufgegangen ist und was Sie verändern möchten. Dann planen Sie das nächste Jahr. Halten Sie Ihre Ziele und Maßnahmen fest wie zuvor beschrieben und messen Sie mindestens einmal jährlich die Erfolge.

Mögliche Hemmschuhe bei der Umsetzung

Trotz guter Vorsätze scheitert das Marketing manchmal an scheinbar einfachen Dingen. Wie im Beispiel der Übersetzerin Sophia, die keine Spezialisierung hat und sich im Hamsterrad gefangen fühlt, machen viele kein Marketing, weil sie keine Zeit haben. Bei unzähligen Selbstständigen liegt zum Beispiel die Website schon lange brach: Mittlerweile haben sich vielleicht Arbeitsschwerpunkte verschoben, es sind tolle Referenzen hinzugekommen und auch das alte Foto aus Unizeiten wäre dringend zu erneuern. Aber es kommt nicht dazu. Viele Freiberufler finden nicht die Zeit, die Website selbst zu aktualisieren. Gleichzeitig scheuen sie die Investition, diese Aufgabe an einen Profi zu delegieren. Die beiden größten Hemmschuhe im Marketing sind auf den Punkt gebracht: Der Faktor Zeit und der Faktor Geld.

Der Faktor Zeit

Auch wenn es weit verbreitet ist, das fehlende Konzept fürs Marketing auf den Zeitmangel zu schieben: Oft ist es nicht nur eine Frage der Zeit, sondern auch eine Frage des Selbstmanagements und der Prioritäten, die jeder Einzelne in seinem Leben setzt. Viele lassen sich von der Arbeit und den Aufgaben treiben.

Sie geben sich mit niedrigeren Honoraren oder uninteressanteren Aufträgen zufrieden, die sie wiederum davon abhalten, besser bezahlte Aufträge zu akquirieren. Ein Teufelskreis, aus dem nur herauskommt, wer bewusst dagegen lenkt und etwas tut. Ebenso wie sich Selbstständige Zeit für den Termin mit dem Steuerberater oder für die Fortbildung nehmen müssen, sollte jeder auch Zeit für das Marketing einplanen. Wenn Sie mit Ihrer beruflichen Situation unzufrieden sind und etwas verändern möchten, dann stellen Sie jetzt die Weichen. Hier ein Vorschlag für den ersten mutigen Schritt: Nehmen Sie sich einen ganzen Tag oder gar ein ganzes Wochenende Zeit für Ihr Unternehmen. Schmieden Sie Pläne wie zuvor beschrieben: Was sind Ihre Ziele? Was können Sie ganz konkret tun, um Ihre Ziele zu erreichen? Arbeiten Sie mit diesem Buch. Lesen Sie insbesondere den ersten Teil dieses Ratgebers zum Thema „Positionierung" (ab Seite 21), und erstellen Sie für sich einen Marketingplan.

Viele gestandene Unternehmer gehen sogar einmal im Jahr für einige Tage in Klausur, um Pläne für die nächsten zwölf Monate zu schmieden. Sie fahren dann alleine an einen ruhigen Ort und beschäftigen sich nur mit ihrem Unternehmen. Erst wenn sie aus dem Alltag heraus sind, finden sie die nötige Ruhe und Distanz, um Ziele und Ideen zu entwickeln. Diese Art von „Klausur" ist keinesfalls nur ein Akt der Selbstverwirklichung, sondern es geht bei Selbstständigen auch um die Sicherung des Einkommens und somit der Existenz. Die Einkehr wirkt motivierend und gibt den nötigen Elan, die ersten Schritte zum Erreichen der Ziele zügig umzusetzen. Falls es Ihnen schwer fällt, sich einen ganzen Tag von Ihren Pflichten zu befreien, gibt es vielleicht Alternativen? Können Sie eventuell eine mehrstündige Fahrt mit der Bahn nutzen, die demnächst ohnehin ansteht? Oder besteht die Möglichkeit, sich für einige Stunden in ein Café zurückziehen? Finden Sie heraus, wie es Ihnen am besten gelingt, nicht nur die Marketingplanung, sondern auch das Marketing in den beruflichen Alltag zu integrieren. Es ist wichtig, sich selbst und seine Rolle als Unternehmer ernst zu nehmen. Das Verblüffende ist, dass sich durch eine Veränderung der inneren Einstellung oft auch ein Wandel in der Außenwahrnehmung einstellt, was sogar einen positiven Effekt auf die Auftragslage haben kann.

Der Faktor Geld

Neben dem Zeitmangel zählt das Thema Geld zu den Hauptgründen, warum viele Freiberufler kein Marketing machen. „Marketing ist mir zu teuer", so lautet das Standardargument. Vielleicht liegt es daran, dass sie Marketing mit Werbung verwechseln und dabei vor allen Dingen an Anzeigenschaltungen denken. Doch wer die vorangegangenen Kapitel aufmerksam gelesen hat, wird festgestellt haben, dass die meisten der dort beschriebenen Maßnahmen gar kein Geld kosten. Trotzdem sind die meisten der Maßnahmen nicht gratis zu haben: Marketing kostet Zeit. Doch diese Zeit ist gut investiert, wenn es um die Sicherung der Existenz geht und darum, Aufträge zu erhalten, die gut bezahlt sind und Spaß machen.

Insbesondere bei der Grundausstattung sparen viele Selbstständige an der falschen Stelle. Sie unterschätzen die Wirkung einer professionellen Außendarstellung und übersehen, dass es einen Zusammenhang zwischen dem Marketing und dem Honorar gibt. Hier ein fiktives Beispiel aus einer anderen Branche, das illustriert, was gemeint ist:

> *Es gibt zwei Pizzerien vor Ort. Die Pizza schmeckt in der einen Pizzeria so gut wie in der anderen. Vielleicht ist sogar das Rezept identisch. Und trotzdem verlangt der eine Pizzabäcker 25 Prozent mehr für seine Pizza als der andere. Und die Leute zahlen den höheren Preis, die Pizzeria ist gut besucht. Warum? Weil dort, wo die Pizza teurer ist, die Einrichtung geschmackvoller ist als in der billigen Pizzeria. Das Geschirr ist edler und die Bedienung netter. Wer einen schönen Abend verbringen will, geht lieber in die Pizzeria mit der schönen Ausstattung. Die billigere Pizzeria hat auch ihre Kundschaft und ist ausgelastet. Dort geht es vor allen Dingen um Schnelligkeit. Es gehen mehr Pizzen über den Tresen und der Umsatz ist im ersten Moment höher als in der etwas teureren Pizzeria. Doch am Ende des Tages, wenn alle Ausgaben abgezogen sind, haben beide Pizzerien das Gleiche verdient. Dabei hat der billige Pizzabäcker deutlich mehr Stunden und unter größerem Stress gearbeitet als der Pizzabäcker, der Wert auf das Aussehen und den Stil der Präsentation legt.*

Jeder kennt den Ausspruch „Das Auge isst mit". Das Beispiel der beiden Pizzerien illustriert, dass es auch auf die Verpackung ankommt. Die Menschen bezahlen nicht nur für ein Produkt oder eine Leistung, sondern auch für ein Image, das hinter einem Angebot steht. Wer professionell auftritt, wird eher ein hohes Honorar durchsetzen können, weil potenzielle Kunden ihn als Profi wahrnehmen. Deshalb ist es für jeden selbstständigen Dolmetscher und Übersetzer sinnvoll, in professionelle Unterlagen zu investieren und Wert auf eine gute Außendarstellung zu legen. Wenn die Dienstleistung stimmt, dann wird das Geld, das Sie in ein professionelles Marketing stecken, sich in Form von besseren Aufträgen und einer besseren Auslastung für Sie auszahlen.

AUF EINEN BLICK

10 Tipps für Ihr Marketing

1. Verschaffen Sie sich Klarheit über Ihr Angebot.

2. Arbeiten Sie Ihre Stärken heraus.

3. Spezialisieren Sie sich.

4. Vernetzen Sie sich mit Kollegen und Unternehmern aus anderen Branchen.

5. Pflegen Sie Ihre beruflichen Kontakte.

6. Investieren Sie in eine professionelle Visitenkarte und eine ansprechende Website.

7. Tragen Sie Ihr Profil und Ihre Website in Branchenverzeichnisse ein.

8. Betreiben Sie regelmäßig Akquise.

9. Sorgen Sie für die Qualitätssicherung Ihrer Arbeit.

10. Legen Sie Wert auf eine gute Kundenkommunikation:
    Vom Angebot bis hin zur Rechnung sollte alles professionell gestaltet sein.

Fazit: Marketing als Schlüssel zum Erfolg

Um das Marketing kümmern sich viele Freiberufler erst, wenn die Aufträge ausbleiben. Doch wie heißt es so schön: „Klappern gehört zum Geschäft." Damit Sie immer eine gute Auftragslage haben und von Ihren Einnahmen leben können, ist es wichtig, kontinuierlich Marketing in eigener Sache zu betreiben. Dazu müssen Sie sich nicht verbiegen und auch nicht verkaufen, das haben die vorangegangenen Kapitel gezeigt. Aber es ist auch nicht ratsam, auf die nächste Auftragslücke zu warten, bis man aktiv etwas für die Kundengewinnung tut. Damit es mit der Selbstständigkeit gut läuft und die Auftragslage stimmt, sollte jeder Selbstständige regelmäßig etwas für sein Marketing tun. Möglichkeiten gibt es viele. Sie reichen vom Werbebrief über den Messebesuch bis hin zum Networking in realen und virtuellen Netzwerken.

Worauf es beim Marketing und bei der Kundengewinnung vor allen Dingen ankommt, ist eine positive Grundhaltung und ein professionelles Selbstverständnis als Unternehmer. Selbstständige Dolmetscher und Übersetzer brauchen Klarheit über ihr Angebot und ihre Stärken. Sie brauchen Freude an der Arbeit und an der Kundengewinnung. Und sie brauchen den Willen, es als Selbstständige zu schaffen. Es ist wichtig, die eigene Unternehmerrolle ernst zu nehmen und dem Marketing die Rolle zuzuschreiben, die es tatsächlich spielt.

Halten Sie sich noch einmal vor Augen, was Marketing bringt. Durch ein gelungenes Marketing können Sie:

- ein höheres Honorar erzielen
- Ihren Umsatz steigern
- interessantere Aufträge bekommen
- mehr Zufriedenheit im Job erlangen
- Ihre Lebensziele verwirklichen

Im Marketing liegt die Chance für Dolmetscher und Übersetzer, jene Kunden zu finden, die optimal zu ihnen passen. Langfristig lässt sich durch das Marketing ein höheres Honorar und damit eine Umsatzsteigerung erzielen. Das Marketing ist somit der Schlüssel zum Erfolg für selbstständige Dolmetscher und Übersetzer. Und bei aller Theorie zählt vor allen Dingen eines: Dass es nicht bei der Theorie bleibt, sondern dass das Marketing den Weg in die Praxis schafft und zum selbstverständlichen Bestandteil Ihres Lebens als Freiberufler wird.

Anhang

Literaturtipps

Bundesverband der Dolmetscher und Übersetzer e.V. (BDÜ) (Hrsg.): Erfolgreich selbstständig als Dolmetscher und Übersetzer: Ein Leitfaden für Existenzgründer, Berlin 2009

Bundesverband der Dolmetscher und Übersetzer e.V. (BDÜ) (Hrsg.): Honorarspiegel für Übersetzungs- und Dolmetschleistungen 2009, Berlin 2011 (erscheint zweijährlich neu)

Birgit Golms, Gudrun Sonnenberg: Homeoffice: Erfolgreiches Heimspiel dank Zeit- und Selbstmanagement, Orell Füssli Verlag, Zürich 2009

Anni Hausladen, Gerda Laufenberg: Die Kunst des Klüngelns: Erfolgsstrategien für Frauen, Rowohlt Verlag, Reinbek bei Hamburg 2001

Gitte Härter: Kundenakquise: Wie Sie der Welt sagen, dass es Sie gibt, Cornelsen Verlag Scriptor, Berlin 2009

Svenja Hofert: Praxisbuch für Freiberufler, Eichborn Verlag, Frankfurt am Main 2007

Elke Fleing, Momo Evers: Hervorragend positioniert, Redline Wirtschaft, München 2008

Barbara Kettl-Römer: Wege zum Kunden, Linde Verlag Wien, Wien 2008

Andreas Lutz: Praxisbuch Networking: Vom Adressmanagement bis XING.com, Linde Verlag Wien, Wien 2009

Bernd Röthlingshöfer: Werbung mit kleinem Budget: Der Ratgeber für Existenzgründer und kleine Unternehmen, Deutscher Taschenbuch Verlag, München 2008

Joachim Skambraks: 30 Minuten für den überzeugenden Elevator Pitch, Gabal Verlag, Offenbach 2004

Dorle Weyers: Kopfarbeit kalkulieren und verkaufen: Von Honorarjobs zu professioneller Selbstständigkeit, Imprint Verlag, Münster 2004

Nützliche Links

www.akademie.de
Das Wissensportal bietet Fachartikel sowie Online-Kurse zu vielen Themen, die insbesondere für kleine Unternehmen und Freiberufler interessant sind – von der Existenzgründung über die Buchhaltung bis zur Suchmaschinenoptimierung.

www.bdue.de
Auf der Website des Bundesverbandes der Dolmetscher und Übersetzer e.V. steht das bundesweite Seminarangebot für Dolmetscher und Übersetzer, darunter auch Seminare zum Thema Marketing und Akquise.

www.existenzgruender.de
Das Existenzgründerportal des Bundesministeriums für Wirtschaft und Technologie bietet kostenlose Publikationen rund um die Selbstständigkeit sowie Checklisten zum Thema Marketing.

www.gruenderinnenagentur.de
Das Informations- und Servicezentrum zur unternehmerischen Selbstständigkeit von Frauen bietet nützliche Informationen speziell für Gründerinnen.

www.selbstmarketing.de
Auf der Website gibt es Informationen zu Themen wie beispielsweise Networking, Selbstmanagement oder Unternehmensauftritt.

Ausgewählte Bücher aus der Schriftenreihe des BDÜ:

BDÜ (Hrsg.): Erfolgreich selbstständig als Dolmetscher und Übersetzer: Ein Leitfaden für Existenzgründer, 4., überarbeitete und erweiterte Auflage, Umfang: 169 Seiten, ISBN: 978-3-938430-25-5, Erscheinungsjahr: 2009, Preis: 22,00 €

Mit seiner Schriftenreihe verschafft der BDÜ Berufseinsteigern, aber auch erfahrenen Kolleginnen und Kollegen, praktische Kenntnisse, die für die qualifizierte Berufsausübung unabdingbar sind.

Die Spannweite der Beiträge in diesem Buch reicht von der Büroorganisation des Freiberuflers über Tipps zur Auftragsakquisition und zum Umgang mit Auftraggebern bis hin zur Kalkulation und Vertragsgestaltung.

Den Autoren dieser erweiterten und aktualisierten Auflage des vorliegenden Bandes ist es erneut gelungen, eine Vielzahl von Facetten des praktischen Berufslebens zu erfassen und verständlich aufzubereiten. Das detaillierte Inhaltsverzeichnis und eine umfangreiche Adresssammlung machen dieses Buch für Neulinge wie für alte Hasen zu einem gern konsultierten Nachschlagwerk.

BDÜ (Hrsg.): Honorarspiegel für Übersetzungs- und Dolmetschleistungen in der Bundesrepublik Deutschland für das Jahr 2009, Umfang: ca. 100 Seiten, ISBN: 978-3-938430-33-0, Erscheinungsjahr: 2011, Preis: 15,00 €

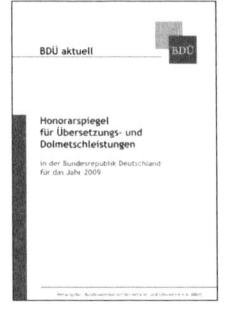

Anders als für Leistungen in anderen freien Berufen – z.B. Leistungen von Rechtsanwälten, Architekten oder Ingenieuren – gibt es in Deutschland für die Leistungen von Übersetzern und Dolmetschern keine Gebühren- oder Honorarordnungen.

Um dennoch in einem preislich für Auftraggeber und Auftragnehmer gleichermaßen weitgehend unübersichtlichen Markt für ein gewisses Maß an Transparenz zu sorgen, führt der BDÜ seit dem Jahr 2008 regelmäßig Umfragen über die im Vorjahr in Deutschland erzielten Honorare für Dolmetsch- und Übersetzungsleistungen durch.

Alle Preise sind Bruttopreise und verstehen sich zuzüglich Verpackung und Porto (4,00 €). Bestellungen erbitten wir über: www.publikationen.bdue.de.

Dort finden Sie auch kostenlose Leseproben zum Download sowie weitere Bücher aus der Schriftenreihe des BDÜ.